GÜTERSLOHER
VERLAGSHAUS

Gütersloher Verlagshaus. Dem Leben vertrauen

»Wie kann einer überhaupt leben,
ohne in der Kunst des Lebens und
des Sterbens unterrichtet zu sein.«

Meister Eckhart

Für Karin
mit Dank
und in Liebe

Hans Jürgen Schultz

Die leise Kunst des Lebens

Vom besseren Umgang mit sich selbst

Gütersloher Verlagshaus

Bibliografische Information Der Deutschen Bibliothek
Die Deutsche Bibliothek verzeichnet diese Publikation in der Deutschen Nationalbibliografie; detaillierte bibliografische Daten sind im Internet über http://dnb.ddb.de abrufbar.

1. Auflage

Umschlaggestaltung: schwecke.mueller Werbeagentur GmbH, München
Umschlagmotiv: »Mohnfeld« von Claude Monet;
Vorlage: © akg-images/ Erich Lessing
Druck und Bindung: Oldenbourg Taschenbuch GmbH, Kirchheim
ISBN-13: 978-3-579-06941-8
ISBN-10: 3-579-06941-1

www.gtvh.de

Inhalt

Kleines Vademekum für jeden Wochentag

1.

Jeder hat seine Zeit; jedes Vorhaben unter dem Himmel hat seine Stunde. Es gibt die Zeit des Gebärens und die Zeit des Sterbens, die Zeit des Weinens und die Zeit des Lachens, die Zeit des Liebens und die Zeit des Hassens, die Zeit des Klagens und die Zeit des Tanzens. So beginnt ein großartiges Lehrgedicht, das etwa zweieinhalb Jahrtausende alt ist. In vierzehn Antithesen wird zur Kunst des Unterscheidens eingeladen. Wären alle Zeiten gleich gültig, könnten sie uns gleichgültig sein. Wenn aber jedes Ding »seine Zeit« hat, ist die Mitteilung an uns von Moment zu Moment eine jeweils andere. So gesehen, ist Zeitvertreib alles andere als der Zeit gemäß. Zeitgerecht zu denken, zu fühlen, zu handeln, war dereinst ein

Merkmal für Weisheit. Weise ist ein Mensch, der einen Sinn für Rechtzeitigkeit hat.

Im alten Israel, das diesen Text hervorgebracht hat, ist unsere lineare Zeitvorstellung nicht unterzubringen. Zeit an sich ist gar nicht vorstellbar, sondern sie ist an ein bestimmtes Geschehen gebunden. Sie ist nicht fliehende, sondern »fallende Zeit«, uns zufallende, fällige Zeit. Es ist eher der Zeitpunkt als der Zeitfluss gemeint. Fülle der Zeit ist nicht Masse, sondern Maß. Wir finden heute, es komme alles darauf an, dem Leben immer mehr Zeit zu geben. Der Autor unserer Dichtung indessen dürfte daran interessiert gewesen sein, der Zeit immer mehr Leben zu geben.

Ich blättere im Alten Testament. Da bringt der Baum Frucht »zu seiner Zeit«, die Garben werden eingebracht »zu ihrer Zeit«, die Zugvögel kennen »ihre Zeit«, und war ein Mädchen herangereift, so war »seine Zeit« gekommen. Auch was man sagt, hat seinen Augenblick: »Halte das Wort nicht zurück zu seiner Zeit!« Umgekehrt gibt es die Unzeit: »Es schweigt der Kluge«, wenn sein Wort keine Chance hat. Zeit ist Ermächtigung; Zeit ist zugleich Begrenzung. Sich auf diese Erfahrung einzulassen, sich mit ihr anzufreunden, galt einmal als Lebenskunst, als ars vivendi.

Das Zeitdenken der Alten wäre allerdings unzureichend beschrieben, wenn man die erhebliche Bedeutung der Feste verschwiege. Denn Feste waren nicht nur Glanzlichter, auf die hin und von denen her die Menschen lebten, sondern durch ihren Rhythmus bekam das eigene Leben erst seinen Rhythmus in der Zeit. Feste ermöglichten Gestaltung des Daseins. Sie machten aus Existenzen Biografien. Überspitzt gesagt: festlose Zeiten waren leere oder gar keine Zeit. Unsereinem ist eine derart intensive und vitale Beziehung zu dem Reigen kultischer Feste abhanden gekommen. Man kann sich des Eindrucks nicht erwehren, dass der moderne Mensch es immer mehr verlernt hat zu feiern. Die Zumutung, ein Fest zu begehen, bringt ihn oft in Verlegenheit. Vielleicht scheut er das Fest, weil er einen Sinn in ihm ahnt, den er nicht mehr zu erfassen, dem er nicht mehr zu entsprechen vermag.

Die Zeit demonstriert uns, dass wir nichts festhalten können. Eben deswegen sollten wir nicht aufgeben, Feste zu feiern. Das Leben ist kein Fest, beileibe nicht. Aber ein Fest ist Leben. Ein Fest gelingt nicht immer. Soll es auch nicht. Manchmal bleibt es trotz Vorbereitung aus; manchmal tritt es unvorbereitet ein. Die getroffenen Vorkehrungen können die Chance eines Festes zwar vergrößern, aber nicht garantieren.

Die Festlichkeit eines Festes ist zerbrechlich wie Musik, die nicht von der Platte abgespielt, sondern empfindlichen Instrumenten von Menschenhand entlockt wird. Dauer kann hier nicht versprochen werden. Ein Fest geht vorüber, das ist seine Melodie, seine Melancholie, sein Reiz. Nichts würde ihm mehr widersprechen, als sich gegen sein mögliches Scheitern versichern zu wollen. Ein Fest ist eine Zugabe. Es ist ein Kunstwerk, dessen Stoff aus einer befristeten Zeitspanne besteht. Feste wiederholen sich, ohne monoton zu werden. Die Wiederholung schließt Frische, Überraschung, Beglückung nicht aus. Im Fest geschieht Wieder-Holung im eigentlichen Wortsinn: Sogar von dem, was uns die Zeit genommen, bringt es für Augenblicke etwas zurück. Es erinnert an Verlorenes. Auch Tote können dabei sein. Das poetische Wort, Getrenntes werde sich wiederfinden, kann sich bei einem gelungenen Fest erfüllen.

2.

Jeder braucht Mut. Aber was ist das eigentlich: Mut? Als Martin Luther King während einer Demonstration zum Mut gegen die Gewalt aufrief, kam ein Zwischenruf aus der Menge: Gewalt ist besser als Feigheit. Darauf King: Nichts ist feiger als Gewalt. Gewalt und Mut darf man nicht verwechseln. Mut, wie King ihn verkörpert hat, ist eine Tapferkeit zum Frieden. Mut strebt nicht die Unterwerfung oder Ausschaltung des Gegners an, sondern seine Entlarvung, die Verhandlung und die Versöhnung mit ihm. Mut sucht die Lösung, Gewalt die End-Lösung.

Wie steht es mit meinem Mut? Nackte Gewalt erschreckt, verstört, ängstigt mich. Ich bin ihr mein Leben lang aus dem Weg gegangen. Raufereien habe ich immer gescheut. Ein Klassenkamerad, den niemand für den Klügsten halten mochte, wollte wenigstens der Stärkste sein. Das ist eine bekannte Kompensation. Diese Behauptung bedurfte des Nachweises. Also musste sich jeder von uns mit ihm messen. Auch ich. Dummerweise besiegte ich ihn. Was lehrte es ihn, was mich?

Bis heute ahne ich nicht, wie es geschehen konnte, dass er mir unterlag. Es war allenfalls der Mut der

Verzweiflung, der mir ungeahnte Kräfte zukommen ließ. Daraus den Schluss zu ziehen, vergleichbaren körperlichen Auseinandersetzungen stets gewachsen zu sein, ist mir nie in den Sinn gekommen. Wie ich reagieren würde, wenn ich tätlich angegriffen würde, ahne ich nicht. Wenn Mut gleichzusetzen wäre mit Kaltblütigkeit, so besäße ich ihn nicht. Vielleicht führe im Ernstfall wieder jener Bizeps in mich, mit dem ich meinen Herausforderer bezwungen habe. Eine Garantie gibt es nicht, eher massive Zweifel.

Man sagt, dass das Wort »Zivilcourage« nicht alt ist. Und wer hat es geprägt? Otto von Bismarck. Er berichtete einem Mitarbeiter von einem Verwandten, der in wichtiger Angelegenheit zu schweigen vorgezogen hatte, obwohl er hätte reden sollen. Bismarck kommentierte: »Mut auf dem Schlachtfelde ist bei uns Gemeingut; aber Sie werden nicht selten finden, dass es ganz achtbaren Leuten an Zivilcourage fehlt.« Mut im Alltag, Furchtlosigkeit im zivilen Leben ist etwas grundlegend anderes als der Todesmut des Draufgängers. Der Draufgänger fürchtet das Sterben nicht, weil es ihm an Liebe zum Leben, sogar zum eigenen, fehlt. Zivilcourage aber ist Mut zum Leben. Sie rasselt nicht mit dem Säbel, sondern ihre Waffe ist das Argument. Sie macht von der Vernunft

Gebrauch. Kriegsmut ist heroisch und hierarchisch; er wird bewundert und dekoriert. Zivilcourage ist demokratisch und rational.

Kriegsmut ist Gehorsam, Zivilcourage ist Widerspruch. Sie setzt voraus, kein Mitläufer zu sein. Man muss selbstständig denken können und demgemäß handeln wollen. Man muss Nein sagen können, wo das Ja erwartet wird. Allerdings sind Anpassung und Unterwürfigkeit bequemer als Zivilcourage. Jeder Tag bietet Situationen, in denen Opportunismus sich anbietet. Schweigen und Wegsehen sind einfacher als Protest oder gar Eingreifen. Doch das stimmt nur scheinbar. Denn unterlassener Mut nagt an der Selbstachtung. Er macht letztlich unglücklich. Unser Wohlbefinden wird durch Versäumnisse beeinträchtigt, wenn wir uns bei der Wahl zwischen zwei oder mehr Möglichkeiten für diejenige entscheiden, die den geringsten oder gar keinen Aufwand an Mut erfordert. Im Grunde seines Herzens weiß jeder Mensch, was er zu tun und was er zu lassen hat, was richtig oder falsch ist.

Mut war zu allen Zeiten ein Thema der großen Denker. Man unterschied bereits in der Antike zwischen den Klassen des soldatischen und des »wahren« Mutes. Der wahre Mut konvergierte mit Klugheit, sogar mit Weisheit. Er wurde nicht als Muskel-, sondern als Seelenstärke, als fortitudo, als Sache des Herzens, des persönlichen Zentrums definiert. Um diesen Mut zu haben, muss man schon jemand sein.

3.

Jeder will Frieden. Heißt das: Jeder will seinen Frieden? Dann mag die Behauptung stimmen. Aber zufrieden gestellt oder zum Frieden bestellt zu sein – das ist ein Unterschied wie Tag und Nacht. Mit dem Frieden ist es wie mit der Freiheit: Nur der Friede des anderen kann auch mein Friede sein. Deswegen ist Friede niemals das Ergebnis einer mehr oder minder passiven Sehnsucht, die wir alle in uns tragen, sondern das Ziel einer außerordentlichen Anstrengung, die uns nicht lässt, wie wir sind.

Wollte jeder Frieden, wir hätten ihn. Krieg ist kein Naturereignis. Er ist von Menschen erfunden worden. Er kann nur von Menschen überwunden werden. Oder? Haben sich nicht die Gesetzmäßigkeiten, die Kriege herbeiführen, dermaßen verselbstständigt, sind sie nicht so eigen- und übermächtig geworden, dass es nur noch Schöngeistern in den Sinn kommen kann, ihnen mit »Gedanken des Friedens« entgegenzuwirken oder zuvorkommen zu wollen? Nach Kant, dem Philosophen des Friedens, und allen anderen großen Denkern, die sich dieses Themas angenommen haben, sind Gedanken »intelligible Taten«. Deswegen ist, was einer denkt, so wichtig wie das, was er tut. Und deswegen ist jede einzelne menschliche Existenz denkend und handelnd beteiligt an jenen Vorgängen, die entweder den Krieg oder den Frieden bewirken.

Der Friede der Welt und der Friede des Individuums hängen zusammen. Wären die Menschen friedenswilliger, könnte kein Machthaber einen Krieg durchsetzen. Kriegsbereite Machthaber sind angewiesen auf kriegsbereite Mehrheiten. Selbstverständlich sind zur Vermeidung von Krieg Verhandlungen und Verträge, institutionelle und strategische Vorkehrungen auf höchster politischer Ebene vonnöten. Aber Gewinnung des Friedens setzt Gesinnung des Friedens voraus. Kontrakte machen keinen Frieden, wenn nicht Friede die Kontrakte gemacht hat. Ohne eine veränderte Grundeinstellung der Menschen sind sie nicht ratifiziert. Friede ist mehr als Abwesenheit von Krieg; er wird Anwesenheit von Menschlichkeit sein müssen. Jeder ist beteiligt.

Politik ist gegenwärtig eine fast aussichtslose Veranstaltung. Der das findet, ist selbst Politiker, einer der wenigen, die wissen und sagen, was die Stunde geschlagen hat: Michail Gorbatschow. Sein Buch »Das neue Denken« ist eine ebenso kompetente wie eindringliche Mahnung an uns alle. Politik muss werden, was sie kaum noch ist: nämlich die Kunst des Möglichen. Statt die Kunst des Möglichen zu üben, bewirbt sie sich um die Gunst des Kläglichen. Sie ist zum Vollzugsorgan von Sachzwängen verarmt. Sie muss indessen – gegen ihre Gewohnheit und das allgemeine Vorurteil – einen ganz und gar neuartigen Stil von Wunsch-Denken riskieren. Wünschen ohne Denken ist unfruchtbar wie Denken ohne Wünschen. Wir müssen, wenn es um den Frieden geht, kühle Fantasie und kühne Nüchternheit in Einklang bringen.

Die Menschheit befindet sich in akuter Lebensgefahr. Ihre Selbstvernichtung ist nicht nur vorstellbar, sondern wahrscheinlich. Uns ist ein Ultimatum gestellt: Schaffen wir den Krieg nicht ab, schafft er uns ab. Wie lang die Frist währt, weiß niemand. Die globale Bedrohung, von wem auch immer sie ausgeht, muss sich als Katastrophe entladen, wenn es uns nicht gelingt, sie umzukehren in eine Einladung: Nachdem der Krieg ausfällt, muss uns der Friede einfallen. Ist es utopisch, so zu denken? Oder ist es nicht vielmehr utopisch, nicht so zu denken? Bisher war eine Welt ohne Krieg nicht denkbar; jetzt ist eine Welt mit Krieg undenkbar geworden.

Es bleibt uns nicht erspart: Wir müssen umdenken. Umdenken jedoch, ja Denken überhaupt, wird gefürchtet. Denken ist Zweifel, ist Unabhängigkeit, ist Widerstand, ist Ungehorsam. Kriege konnten und können nur funktionieren in einem verlässlichen System von Anordnung und Folgsamkeit, von Befehl und Ausführung. Für den Krieg wird »blinder Gehorsam« verlangt. Friede diffamiert nicht nur den Krieg, sondern bereits seine Voraussetzungen, seine Bedingungen, seine Regeln. Krieg hat eine tiefe Affinität zum Tod. Manchmal ist er Wille zum Über-Leben. Friede aber ist Wille zum Leben.

4.

Jeder hat Angst. Sie beginnt, wenn wir die Geborgenheit des Mutterleibes verlassen, und sie währt, bis eintritt, was unser Leben unaufhörlich beschattet: dass wir sterben müssen. Jede Angst enthält ein Quäntchen Todesangst.

Unser Wort Angst bedeutet in den Sprachen, in denen es verwandt vorkommt Enge, Bangnis, Beklemmung, Atemnot, Entsetzen. Angst ist eine unwillkürliche Reaktion auf Bedrohung, ein Affekt, der uns beunruhigt, der uns warnt. Angst quält, aber sie hilft auch. Sie ist ebenso unvermeidlich wie unerlässlich. Ohne sie wären wir nicht lebensfähig; ohne sie würde es kaum gelingen, eine Straße unversehrt zu überqueren. Wir hätten kein Gespür für Gefahren, wären ihnen arg- und wehrlos ausgesetzt. Angst ist ein Faktor unseres Wirklichkeitssinns. Sie kann ein schlechter, doch sie wird immer auch ein guter, ein notwendiger Ratgeber sein, eine Vorsichts- und Sicherheitsmaßnahme. Wir müssen die Signale, die sie uns zukommen lässt, beachten und richtig einzuschätzen lernen. Sie vermittelt uns eine Nachricht, damit wir uns nach ihr richten. Wir sollten uns Angst weder ein- noch ausreden lassen.

Weil Angst so ungemütlich, so schmerzlich, so bedrückend, so lähmend sein kann, erfinden wir unermüdlich Methoden der Zurückweisung und Vermeidung. Sie verschwindet jedoch nicht, wenn sie verdrängt wird; Angst, die wir verbieten, wirkt unterschwellig und unberechenbar weiter und kann in Form schwerster Gesundheitsstörungen wiederkehren. Was viele Menschen Angstlosigkeit nennen, ist in Wahrheit nichts anderes als ein Schattentheater der Angst. Allenthalben versucht man, sie als Schwäche, als Feigheit, als Krankheit zu denunzieren. Aber alle Anstrengungen, Angst zu verscheuchen und Kraft und Stärke als ihr leuchtendes Gegenstück zu preisen, sind Versuche, ein Problem zu umgehen, statt mit ihm umzugehen. Man pariert, wie der protzende Goliath, mit einer Gebärde der Unerschrockenheit, die oft eine Ausgeburt nicht zugelassener Angst ist. Denn wo Macht ist, ist Angst. Angst macht Macht, und Macht macht Angst. Wir müssen jede Macht, die Unterlegenheitsgefühle mit Überlegenheitsfantasien überspielt, mit Distanz, Skepsis und Kritik durchschauen. Macht beraubt die Angst ihrer hilfreichen Funktion.

Angst zu manipulieren, ist in der Politik ebenso üblich wie gefährlich. Es gibt das Geschäft mit der Angst. Die angststeigernde Spirale treffen wir auf Schritt und Tritt, im Großen wie im Kleinen: im Verhältnis der Völker wie der Geschlechter, in Familien, in Schulen, am Arbeitsplatz, in jedweder Über- und Unterordnungsstruktur – bis hin zum Gegenüber von Arzt und Patient, von Priester und Laie, von Eltern und Kindern etc. Das Angstmuster bestimmt unser ganzes Zusammenleben. Herrschaft lebt von Angst – von der Angst der Herrschenden ebenso wie von der Angst der Beherrschten. Die Voraussetzung für die Verminderung von Angst wäre die Verminderung von Herrschaft, und umgekehrt.

Die Überwindung der falschen, der passiven, den Menschen deformierenden Angst ermöglicht vielleicht die Wahrnehmung der berechtigten, der aktivierenden Angst: einer Angst, welche die Augen öffnet und nicht vor dem Wissen ins Nichtwissen flieht. Da die Angst in unserer Zeit überhand zu nehmen scheint, bleibt fast nur die Hoffnung auf die ihr selbst innewohnenden Aufgaben und Kräfte: auf einen Umschwung von Einschüchterung in Ernüchterung, vom Wegsehen zum Hinschauen, von Infantilität zu Reife, von Fatalismus zum Widerspruch. Der natürliche Zweck der Angst ist nicht die Verkennung von Gefahren, sondern die Prophylaxe, der Schutz, die Rettung, kurz: die Entmachtung der Angst.

5.

Jeder kennt Schmerz. »Wenn du ihn nicht besiegst, besiegt er dich.« Der das sagte, Michel de Montaigne, wusste, wovon er sprach. Über fünfzehn Jahre hin verursachten Nierensteine heimtückische und nahezu unerträgliche Koliken, bis er endlich am 13. September 1592 am »Ziel unserer Laufbahn«, dem Tod, angelangt war. Da sich Montaigne der Schmerzen nicht erwehren konnte, übte er aus eigenen Kräften einen Widerstand, eine Überlegenheit ein, die es ihm ermöglichen sollte, dass »das Herz unerschrocken und die Worte unverzagt bleiben«.

Heute könnte ihm geholfen werden. Der Schmerz als »Plage« wird womöglich eines Tages überwunden sein wie die Pestilenz. Den uralten Kampf gegen den Schmerz führt die Medizin heute so erfolgreich wie nie zuvor. Sie verspricht, etwas vollmundig, die völlige Beseitigung des Schmerzes. Für wie wünschenswert die Erfüllung dieser Vision eines gelobten Landes ohne Schmerz zu halten ist, sei dahingestellt. Montaigne, der Philosoph, hat nicht von der Eliminierung des Schmerzes geträumt, sondern sein Interesse galt der Selbstbefähigung, sich nicht »besiegen« zu lassen. Er wusste, dass Leben ohne Schmerz gar nicht zu definieren ist. Der Schmerz ist weder auszumerzen, als wäre er nur unser Feind, noch ist er um jeden Preis auszuhalten, als wäre er unser Freund oder Zuchtmeister. Schmerz ist ein Bestandteil menschlichen Daseins, nach dessen Recht und Wert und Sinn immer neu zu fragen ist.

Leben ist von Anbeginn verletzlich, also mit Schmerz verbunden. Es gibt keinen gesunden Menschen, dem er nie widerfahren wäre. Dem Menschen den Schmerz wegzunehmen, käme einer Amputation gleich. Sie mag oft nötig sein. Doch nach dem Eingriff fehlt etwas. Der Schmerz existiert nicht »an sich«; er ist nicht autonom und unabhängig von seinem Träger, sondern Teil der Person, die ihn erleidet. Er gehört ihr. Er ist biografisch bedingt. Eine Unempfindlichkeit gegenüber seinem Schmerz und dessen Botschaften herzustellen, würde den Menschen von sich selbst entfremden, würde seine Humanität reduzieren.

Plädiere ich etwa für die Duldung des Schmerzes? Niemand wird den Gewinn verkennen, den wir den Anstrengungen der Wissenschaft und auch der Pharmaindustrie zur Förderung von Schmerztherapien zu danken haben. Niemandem kann verborgen bleiben, dass zum Beispiel der Aussicht, ohne oder mit geringeren Schmerzen zu sterben, ein Angebot innewohnt, dem Tod mit mehr Gelassenheit, sogar mit mehr Aufmerksamkeit entgegenzusehen, als das der Fall ist, wenn man ein qualvolles Ende befürchten muss. Wir sind freier geworden durch die Möglichkeiten der Schmerzbekämpfung.

Hilfloser als angesichts des physischen verhalten wir uns angesichts des psychischen Schmerzes. Seine Sprache, seine Herkunft, seine Wirkung erscheinen weithin rätselhaft. Den Seelenschmerz und die mit ihm gegebenen Leiden zu fliehen, entwickeln wir tagtäglich einen beinah unerschöpflichen Einfallsreichtum. Aber es ist kein Zufall, dass die Flucht immer häufiger in der Sucht endet. Jeder weggeschobene Schmerz pflegt andernorts erneut aufzutauchen. Die »Wiederkehr des Verdrängten«, von der Sigmund Freud spricht, bringt meistens kompliziertere Störungen als der ursprüngliche Anlass hervor. Wer den Schmerz kupiert, wer ihn, ohne die Bereitschaft, auf seine Fingerzeige zu achten, nicht wahrhaben will und abschiebt, schränkt sein Leben ein und wird seine Vielfalt nicht kennen lernen.

Montaignes Kollege Arthur Schopenhauer meinte sogar, dass es »vielleicht doch keinem Menschen einfallen würde zu fragen, warum die Welt überhaupt da sei und gerade diese Beschaffenheit habe ..., wenn unser Leben endlos und schmerzlos wäre«.

6.

Jeder träumt. Es kann nicht wundernehmen, dass der Traum die Menschen zu allen Zeiten beschäftigt hat. Zwar wurde die Deutung der Träume, einst hohe Kunst, im Namen der Ratio für lange Zeit ins Reich des Okkultismus verbannt. Träume seien Schäume, hieß es und heißt es noch, belanglos, nichts sagende Trug- und Wunschbilder. Aber heute gibt es verschiedenfältige Sciences of Dream, wissenschaftliche Beschäftigungen, deren Relevanz zu leugnen ignorant wäre.

Isaac Singer lässt eine seiner Romanfiguren sagen: »Der Schöpfer der Träume ist ein großer Schriftsteller. Dem gebricht es nie an Stoff. Jede Nacht kommt er mit etwas Neuem, doch der Kern der Handlung ist jedes Mal derselbe: Ich bin in der Klemme.« Träume irritieren uns oft, als wären sie nicht ein Stück von uns. Wir verhalten uns zu ihnen wie zu einem dubiosen Horoskop, von einem andern Stern geschickt. Der Traum bringt etwas zum Vorschein, was wir nicht wahrhaben wollen oder zu vergessen wünschen. Wir sperren und wehren uns beharrlich gegen Hinweise aus dem Unbewussten. Warum erinnern wir uns am Morgen meistens nicht, was wir in der

Nacht im Traum erlebt haben? Warum sind wir, die wir auf jedes Geräusch, auf jeden Geruch hellwach reagieren, so unempfindlich gegenüber den Zeichen, die uns die Träume anbieten? Ein ungedeuteter Traum, so steht es im Talmud, gleicht einem ungeöffneten Brief.

Wir träumen von dem, was unsere niemals ruhende Seele bewegt, wenn sie im Schlaf weiter tätig bleibt und wenn sie nicht mehr vom Bewusstsein kontrolliert und im Zaum gehalten wird. Sofern wir unsere Träume behalten, bringen sie etwas mit von »der anderen Seite«, von der unbewussten Seite unseres Daseins, auf der es ganz verschieden zugehen kann, oft entgegengesetzt zur Tagseite unseres Bewusstseins. Träume enthalten Informationen, Botschaften, Mitteilungen, Auskünfte, die zu überhören unklug und pathogen ist. Träume geben Abgründe, aber auch unvermutete Quellen zu erkennen. Im Menschen spielt sich mehr ab, als er zugibt. Im Traum vollzieht er, was er tagsüber gern vermissen lässt: Wahrheitsliebe, Tiefsinn, Ahnung, Gedächtnis, Bildkraft, Erfindungsgeist etc.

Der Symbolik der Träume haben wir uns weitgehend entfremdet. Andrerseits ist festzustellen, dass die Traumsprache keine Fremdsprache ist. Sie ist einfach, spontan, naiv, allgemein verständlich. Sie ist universell und uralt, kam zu allen Zeiten und in allen Kulturen vor. Die Traumsprache eines Primitiven, die Traumsprache des Pharao, die Traumsprache in der Antarktis oder in New York ist fast genau die gleiche. Sie gehört ganz und gar dem Träumer, nur ihm; aber sie kommt von weither. Obschon jeder auf eigene Art und mit einer unverwechselbar auf seine Person bezogenen Aussage träumt, so träumt er doch nicht allein aus eigener Seele, sondern zugleich anonym und kollektiv, als Teilnehmer an einem großen Traum, in den jeder Einzelne seine kleinen Träume wie in einen Teppich einwebt.

Das Bild vom Teppich, den die Menschheit knüpft, finden wir bei Hermann Hesse ebenso wie bei Thomas Mann. Die szientistische Geringschätzung der Träume hatte immer einen prominenten Widerpart: die Kunst. Bei Musik und Malerei mag das nicht erstaunen. Aber Literatur? Friedrich Hebbel hielt Traum und Poesie für identisch. Jean Paul hat den Traum »unwillkürliche Dichtung« genannt. Franz Kafka sprach von seinen Romanen als von Traumprotokollen. Worin stimmen sie überein, die Dichtung und der Traum? Indem beide ungenau sind, der Wirklichkeit ausweichen und eine Wunschwelt produzieren?

Nein, Träume sind nicht ungenau. In ihnen ist eine exakte Fantasie am Werk, derer der Verstand nicht unbedingt fähig ist. Die Welt der Träume ist durchdacht und nuanciert. Ihre Sprache hat eine strenge Grammatik. Auch wird sich schwerlich behaupten lassen, im Traum fliehe man die Wirklichkeit – im Gegenteil: Die Wirklichkeit, die wir bei Bewusstsein fliehen, fängt uns im Traum unerbittlich ein, sodass wir alle Anstrengungen aufbieten, die uns hier zugemuteten Wahrheiten auf sich beruhen zu lassen. Und schließlich: Soll man es als Vorwurf gelten lassen, dass der Träumende ein Wünschender ist? Wunschlosigkeit ist Mangel, nicht Erfüllung.

Martin Luther King war kein Träumer, aber er hatte einen Traum. Sein Traum war Kritik der ungenügenden, der stets hinter sich selbst zurückbleibenden Wirklichkeit. Er hat die Wirklichkeit aufgeweckt. Die Zukunft hat längst begonnen. Der Status quo ist bereits überholt, ist unrealistisch. In jedem Traum steckt Rebellion. Er vermehrt die Wirklichkeit um Potenziale, die sie verweigert.

Im Traum entfaltet der Mensch eine schöpferische Kapazität, die er sich bei Lichte nicht zutraut. Mag einer bei Tag meinen, er habe keine Einfälle, keine Ideen, keine Sprache – im Traum inszeniert er Stücke, entwirft Drehbücher, malt Bilder. Jeder. Bild gesellt sich zu Bild im Traum. Bilder sind die Worte der Träume. In dieser Sinnbildsprache steht Äußeres für Inneres, steht eine Momentaufnahme für ein wichtiges Erlebnis. Sie ist meist durchaus konkret, oft bedrängend direkt – und geht doch in dem, was sie beschreibt, nicht auf, bleibt offen, ist also darauf angelegt, vernommen und weitergeführt zu werden. Die Nachrichten, die uns aus den Träumen zukommen, sind keinesfalls immer angenehm. Aber sie erweitern unser Wissen von uns selbst.

7.

Jedem tut Ruhe wohl. Ein Tag in der Woche, der siebente, war einmal ihr gewidmet. Das Prinzip der Sonntagsruhe ist der modernen Arbeitswelt mit ihrem Gleichtakt nicht mehr zu vermitteln. Sie kann sich keine Sinngliederung leisten. Ihr Duktus ist Diktat und durchdringt unser Denken, Fühlen und Tun. Der Mensch wird am Maßstab der Arbeit taxiert. Abweichungen – durch Krankheit, Alter oder Tod, durch Rand- und Notsituationen aller Art – sind Störungen, die rasch zu beheben oder zu kaschieren sind.

Doch eine Gesellschaft ohne Krankheit ist nicht gesund; ohne Tod ist sie tot. Der Mensch ist auch Mensch ohne aktive Mitwirkung am Arbeitsprozess. So wenig er nur arbeitet, um zu ruhen, so wenig ruht er nur, um zu arbeiten. Die Ruhe hat ihren Selbstwert. Der Schlaf wird als Entmüdung begriffen. Aber er ist ein Zustand mit eigener Dignität. Schlaf ist eine Existenzform des Daseins wie das Wachen und das Schaffen. Leben ist Ruhen und Tun. Es geschieht so viel, wenn einer schläft. Und wenn er aufwacht, hat er die ehrgeizige Vorstellung, etwas versäumt zu haben. Dabei kann der Schläfer die Verkörperung liebenswerten Vertrauens sein. Es geht auch ohne ihn. Er riskiert Wehrlosigkeit. Nie vergesse ich die Gesichter meiner Kinder, wenn ich in der Nacht noch einmal an ihre Betten trat.

Das Nichtstun ist eine eigene Weise der Verbundenheit mit der Mitwelt. Ich werde hellhörig für leise Töne. Ich stehe der Schöpfung nicht gegenüber, sondern bin ein Teil von ihr. Ob ich liege oder stehe, ob ich fahre oder fliege, ob ich schwimme oder wandere, ob ich »im Walde so für mich hin« gehe oder ein Ziel anstrebe – immer erlebe und entdecke ich dieselbe Umgebung anders. Ich stehe, an einen Baum gelehnt, die Hände in den Hosentaschen und betrachte vergnügt das Spiel der Sonnenstrahlen in den Blättern, ein Passant fragt mich misstrauisch: »Was machst du da?« Meine Antwort: »Ich bin.« Nicht von ungefähr haben wir viele Sinne, nicht zuletzt den Sinn für den Sinn, für das Sein.

»Ich habe keine Zeit«, sagen und klagen alle. Das ist, genau genommen, ein vernichtendes Eingeständnis. Denn wir sind nicht anders als in der Zeit. Haben wir keine Zeit, verfehlen wir uns selbst. Unser Verhältnis zur Zeit ist gestört. Das meldet die Kunst, die Wissenschaft auch. Jeder weiß es. Zeit wird als unzuverlässig erfahren. War sie einmal Bürge für die Kontinuität des Lebens, ein Name für das, was Dauer hat, so ist sie nun ein Inbegriff von Unsicherheit, von Unberechenbarkeit, von Unheimlichkeit. Die überkommenen Garanten, mit denen wir die Zusammenhänge von Raum und Zeit benennen konnten, sind weithin zerronnen. Was als geheimnisvoll galt, erscheint uns rätselhaft.

Haben wir zu viel oder zu wenig Zeit? Das ist nicht die Frage, sondern: Wie können wir die Fähigkeit erlangen, die uns zugeteilte Zeit angemessen in Anspruch zu nehmen? Entweder keine Zeit zu haben oder mit ihr nichts anfangen zu können, deutet auf denselben Defekt hin. So mag es nicht abwegig erscheinen, das Talent, Tun und Nichtstun bedachtsam abzuwägen, als eine Tugend zu bezeichnen und zu empfehlen. Vita activa und vita contemplativa sind wie Ein- und Ausatmen. Wo Zeit Geld ist, ist Muße Gold.

Ich greife auf ein altmodisches Wort zurück: Muße. Muße ist mehr als Nichtstun, wie Schweigen mehr ist als Nichtreden. Zuhören kann Antwort sein. In der Muße kann eine vergessene Kunst wiederentdeckt werden: das colloquium cum anima sua, das Zwiegespräch mit der eigenen Seele. Das ist unerschöpflich. Man lernt, auf sich selbst zu achten. Muße macht nicht sprachlos, sondern kompetent. Sie ist nicht Leere, sondern Sammlung. Muße ist das Gegenteil von Langeweile. Die Neigung, die Zeit totzuschlagen, ist eine Folge des Mangels an Muße. Das Wort Muße steht sogar in Beziehung zu müssen, zu können. Sie ist nicht erschöpfte, sondern schöpferische Ruhe. Die Werke der Muße haben die Geschichte der Menschheit mehr, weit mehr bereichert als alle babylonischen Türme. Nur der Muße erschließt sich die glückliche Stunde, der glückliche Tag. »Der Augenblick ist mein«, sagt Gryphius. Nichts sonst vielleicht, aber der Augenblick. In ihm sind Zeit und ich einig, innig. Und Schiller: Was ich der »Minute ausschlage«, gibt »keine Ewigkeit zurück«.

Wer nur einen Freund hat, hat keinen

Freundschaft gibt es in vielen Spielarten. Sie kann, zum Beispiel, unerwidert bleiben. Ich habe Freundschaft zu Menschen empfunden, die darauf nicht eingegangen sind. Das ist enttäuschend, weil sie eigentlich auf Gegenseitigkeit beruht. Andererseits habe ich Freunde, die ich nie gesehen habe, ohne deswegen ein Manko festzustellen: Brieffreunde. Es gibt sogar ganz namhafte Brieffreundschaften zwischen Menschen, die einander nicht begegnet sind. Nicht von ungefähr ist in der lateinischen Herkunft des Wortes Korrespondenz ziemlich alles enthalten, was Freundschaft kennzeichnet: antworten, sich melden, beraten, übereinstimmen, ein Gegenstück sein, die Waage halten, zu seinem Wort stehen, verbürgen, gutsagen, geloben, in Aussicht stellen und versprechen. Etwas versprechen zu können, gilt, nebenbei bemerkt, als eine Fähigkeit, die nur Menschen eignet.

Ich habe Freunde, mit denen ich – zeitweilig – beinah täglich korrespondiere. Aber ich kenne auch Freundschaften, die jahre-, die jahrzehntelang ruhen und sich plötzlich, vielleicht bei einem Wiedersehen, unter völlig veränderten Voraussetzungen neu und überraschend beleben können. Jedenfalls verträgt oder braucht Freundschaft, anders wohl als Liebe, Distanz, zeitliche wie räumliche. Sie will den andern nicht mit Haut und Haar. Ihr Wesen ist Respekt vor dem andern, auch oder gerade vor seiner Andersartigkeit. Sie ist eher beständig als launisch. Sie schätzt Geduld. Das macht ihre Anmut aus. Ich bin sicher, Goethe hatte Recht, als er an Achim von Arnim schrieb: »Wie die Pausen so gut zum musikalischen Rhythmus gehören als die Noten, so eben mag es auch in freundschaftlichen Verhältnissen nicht undienlich seyn, wenn man eine Zeit lang sich mitzutheilen unterlässt.« Ihr vorteilhaftester Status ist das Wechselspiel von Nähe und Abstand. Und es gibt Fälle, in denen die Nähe der Freundschaft mehr schadet als der Abstand.

Bei dem überhaupt nicht einfachen Versuch zu definieren, was Freundschaft sei, wird immer aufs Neue der Vergleich mit der Liebe bemüht. Gewiss überdecken sie sich zum Teil. Beide sind Ströme wider die Einsamkeit. Beide sind biophil, sind wohl wollend, wollen das Wohl eines anderen, sind von Aufmerksamkeit für ihn und von Sympathie bestimmt. »Keine wahre Liebe«, so Siegfried Kracauer, »der nicht Freundschaft beigesellt wäre, und keine wahre Freundschaft, die der Liebe ermangelte.« Und Ernst Bloch liefert noch die Pointe zu diesem schönen Satz, indem er der Ehe zutraut, »die Freundschaft in der Liebe« zu sein. Eine gültigere Beschreibung von Ehe habe ich kaum gehört oder gelesen.

Liebe, sagt man, gibt es auf den ersten Blick. Freundschaft entsteht und wächst langsam. Obwohl Freundschaft die uneigennützigste aller menschlichen Beziehungen sein dürfte, gedeiht sie am günstigsten im Geben und Nehmen, das nicht gleichmäßig verteilt sein, aber sich ganz selbstverständlich abspielen muss. Keiner ist unter-, keiner überlegen. Freundschaft ist ihrem Wesen nach Ergänzung. Sie ist ein Responsorium. Was der Freund oder die Freundin dem Freund oder der Freundin gibt, gleicht einem Bumerang, kehrt zurück, ohne dass darauf spekuliert wird. Liebe verlangt, gerade in ihren höchsten Augenblicken, Ausschließlichkeit. Sie spricht im Sin gular. Freundschaft wird meistens im Plural dekliniert. Ich habe gern viele Freunde. Zugespitzt gesagt: Wer nur einen Freund hat, hat keinen. Denn das Talent zur Freundschaft ist eine Grundhaltung, die sich nicht beschränken mag.

In Zeiten, in denen der Freundschaft höchste Wertschätzung beigemessen wurde, hat man ihr die Wirkung der Verdoppelung, der Erweiterung und Vermehrung der Persönlichkeit zugetraut. Michel de Montaigne notierte nach dem Verlust eines Freundes: »... mich dünkt, ich sei nur noch zur Hälfte.« Allein sind wir nicht mehr oder noch nicht das, was wir mit Freunden sein oder werden können. Jeder Mensch hat ein Fragment der Menschheit in sich und ist auf der Suche nach Fragmenten, die zu ihm passen und die, irgendwo, auf ein unerreichbares Ganzes hindeuten. Freundschaft ist geteilte Sehnsucht.

Freundschaft verläuft nicht von oben nach unten, sondern ebenbürtig in beide Richtungen. Sie entsteht aus Gleichgesinnten und gleich Gestimmten, ungeachtet ihrer schier unbegrenzten Vielfalt. In der Freundschaft hört man aufeinander, ohne hörig zu sein. Ihr gelingt die Überwindung von Herrschaft. Herrschaft bringt den anderen in seine Gewalt; in der Freundschaft entdeckt man sich selbst durch den anderen. Sie ist, ohne Waffengeräusch, revolutionär.

Sie fasst den Dreiklang »Freiheit, Gleichheit, Brüderlichkeit« in einem Wort zusammen.

Ein Element der Freundschaft, also unentbehrlich für das, was hier gemeint ist, ist das Gespräch, möglichst das mündliche, notfalls aber eben auch das geschriebene. An seinem Beginn steht nicht bereits fest, wie es ausgehen wird. Im Gespräch verändern, entwickeln sich die Standpunkte. Man geht anders von ihm weg, als man zu ihm kam. Nach dem Gespräch ist keiner noch ganz so, wie er war. Die Wahrheit, die das Gespräch der Freunde zu ermitteln sucht, ist nicht schon vorher da. Sie entsteht. Dieser Wesenszug des Gesprächs, in dem nicht behauptet, sondern gefunden werden möchte, spiegelt den Prozess wider, der sich in der Freundschaft ereignet.

Alles, was er wisse, sei, dass er nichts wisse, bekannte Sokrates, der Meister des Gesprächs. Auf dieser Grundlage entwickelte er seine Kunst der Unterredung. Es probierte sie auf offener Straße, wo er Menschen ins Gespräch verwickelte. Wahrheit sollte so zur Welt kommen wie die Kinder, die seine Mutter, die eine Hebamme war, ans Licht gebracht hatte: Sie wird nicht gehütet, sondern geboren. Im sokratischen und das heißt, im freundschaftlichen Gespräch verliert jeder eventuelle Vorsprung an Wissen seine

Überlegenheitsgebärde. Eine Unter-Haltung stellt sich ein. Obwohl dies Gespräch ein Spiel ist, ein Rate- und Suchspiel, darf man sich nicht aufspielen wollen.

Ingeborg Bachmann vermisst »die Tapferkeit vor dem Freunde«. Ernst Simon, der magistrale Pädagoge, berichtet von dem Musterbeispiel einer freundschaftlichen Ermahnung, die er sich von seinem Frankfurter Lehrer, dem großen Rabbiner Nehemia Anton Nobel, gefallen lassen musste: »Es gibt Klügere als dich, und es gibt Fleißigere als dich. Aber die Klügeren sind meistens fauler, und die Fleißigeren sind meistens dümmer.« Den Honig leckte Simon begierig auf. Aber der Stachel saß tiefer und haftete und half bis ans Lebensende. Erich Fromm, Simons Studienfreund, erzählt von einer ähnlichen Belehrung. Er hatte einen Onkel, der ein bedeutender Talmudist war, dem er nacheiferte und der ihm als väterlicher Freund beistand. Auf die Frage »Was meinst du, das aus mir werde?« hatte er sich eine aufmunternde Antwort erhofft. Doch sie lautete: »Ein alter Jude.« Fromm hat sich dieser weisen Ernüchterung amüsiert, aber durchaus dankbar erinnert. Könnte es sein, dass dergleiche Freundesdienste etwas zu rar geworden sind?

Es bedarf kaum der Erwähnung, dass ein so empfindliches Gebilde wie die Freundschaft beständig entstellt zu werden in Gefahr ist. Sie ist umlauert von Täuschungen und Enttäuschungen, von Zermürbung und Zerrüttung, von Ausbeutung und Denunziation. Jeder kennt die eine oder andere abstoßende Karrikatur einer Freundschaft. Die in Versammlungen gängige Anrede »Meine lieben Freunde« ist geeignet, das Lob der Freundschaft auf der Stelle abzubrechen. In seinem Sermon über die Freundschaft bemerkt Matthias Claudius: »Von der spricht nun einer: sie sei überall; der andere: sie sei nirgends; und es steht dahin, wer von beiden am meisten gelogen hat.« So ist das.

In den meisten alten Kulturen finden wir nicht nur den Brauch, sondern die Vorschrift, ja das Gebot der Gastfreundschaft. Sie war eine einfache humane Geste. Dem Fremden, der Schutz benötigt, wird die Tür geöffnet und der Tisch gedeckt. Was die Erde für alle Menschen wachsen lässt, nämlich Speis und Trank, das wird geteilt an der »Tafel Gottes« unter dem Dach des Menschen. Der Fremde wird zum Freund ernannt. Der Gast genießt Hausrecht. Ein gastfreundliches Haus war von jeher eine Zufluchtstätte, ein Lichtblick auf dunklem Weg, ein wärmendes Feuer in kalter

Nacht. Einen Fremden ins Haus aufzunehmen, war immer schon gewagt, setzte Mut voraus. Statt ihn abzuweisen, galt es, ihn einzulassen, sich auf ihn einzulassen, ihn kennen lernen zu wollen, ihm Interesse entgegenzubringen. Gastfreundschaft ist ein Friedensschluss. Die Mahlzeit stiftet Gemeinsamkeit.

Ist das Bewusstsein vom Wert der Gastfreundschaft noch vorhanden? Ist nicht das Unvertraute das Unheimliche? Was anders ist, bedroht. Das Fremde ist das Feindliche. Der Geist der Gastfreundschaft, neu entdeckt, könnte eine wünschenswerte Noblesse, eine hoffnungsvolle Aufgeschlossenheit, eine liebende Vorwegnahme zwischen Menschen, aber auch zwischen Kulturen und Völkern, entstehen lassen. Sie mag im Kleinen anfangen, wo sonst?

Auch wenn sie uns oft abhanden gekommen zu sein scheint: Freundschaft ist schlechterdings nicht aus der Welt zu schaffen. Sie ist immer aufs Neue einfach da, selbst da, wo sie weder vorgesehen noch vorhergesehen ist. Wo wir, mit viel Grund, geneigt sein könnten, nur noch pessimistisch oder gar zynisch gestimmt zu sein, kann es geschehen, dass wir Momente jener Freundschaft erfahren, die uns daran glauben lassen, dass es Menschlichkeit gibt. Freundschaft ist eine menschliche, vielleicht die menschlichste Schöpfung des Menschen überhaupt – auch wenn der Mensch sie, wie andere Schöpfungen, wieder und wieder zunichte macht.

Namentlich dort, wo sie nicht in Rechnung gestellt wird, kann Freundschaft wachsen. Sie kann Widerstand und Protest sein: ein Zusammenschluss, ein Pakt gegen Unstimmigkeiten, gegen Feindseligkeiten, gegen Mangelerscheinungen – zum Beispiel gegen die Abwesenheit von Menschlichkeit und die Anwesenheit von Unmenschlichkeit. So beschreiben die Männer des 20. Juli 1944 sich selbst und ihre Frauen als »Freundeskreis«. Einen anderen, zutreffenderen Titel haben sie nicht gefunden. Ihre Herkünfte und ihre Ziele waren oft grundverschieden; aber der gemeinsame Gegner hat ihre Freundschaft begründet. Ohne die Gewissheit, nicht allein zu sein, sondern sich auf Gefährten, auf Mitkämpfer verlassen zu können, hätte sich jeder auf verlorenem Posten gewusst. Die letzte Bewährung von Freundschaft besteht in der Weigerung von Verrat. Diese Freunde haben, selbst bei entnervenden Verhören und Androhungen, keine Namen preisgegeben. Und gerade so – als Zelle der Humanität – haben sie Hitler und die Seinen irritiert. So etwas kam in deren Kalkül nicht vor. Hitler hatte keine Freunde. Für ihn waren Freunde Feinde!

Die Gründe für den unüberbrückbaren Gegensatz zwischen totalitärem Anspruch und Freundschaft liegen tief. Ihm entspricht der Unterschied zwischen Diktat und Dialog. Ein Bestandteil des Dialogs ist der Widerspruch. Das Diktat kann ihn nicht dulden. Der Dialog ist eine Attraktion des freien Menschen. Im Diktat steckt immer der Keim der Diktatur: die Ausgeburt der Unfreiheit.

Es gilt jedenfalls festzuhalten, dass Freundschaft nicht festzuhalten ist. Sie kann nicht verordnet, sie muss riskiert werden. Sie ist, mag sie noch so innig sein, zerbrechlich. Sie hat keine allgemein gültigen Statuten, Prinzipien, Riten, Rezepte. Es gibt beispielhafte, aber keine vorschriftsmäßigen Freundschaften. Das Du etwa, zu dem man sich heute rascher und unbedenklicher entschließt als früher, gewährleistet Freundschaft so wenig, wie das Sie sie ausschließt. Ich weiß von jemand, der einem Kameraden, den er im Krieg selbstredend geduzt hatte, später das vertraute Sie zurückgab. Alle Versuche, Freundschaften in Bünden oder Korps, in Tempeln oder Bibeln einzufangen und zu regeln, müssen fehlschlagen, weil sie ihr wunderbares Wesen, ihre Unverfügbarkeit verkennen. Sie denaturieren die Freundschaft – im Namen der Freundschaft.

In einem Rundschreiben, mit dem er sich für die Glückwünsche zu seinem 82. Geburtstag bedankte, teilte Karl Barth, einer der großen alten Männer der Theologie des zwanzigsten Jahrhunderts, seinen Verwandten und Bekannten mit, dass ihm »im hohen Alter noch eine sehr merkwürdige Freundschaft zuteil geworden« sei, und zwar »mit dem Dichter Carl Zuckmayer«. Das war so gekommen: Nach der Lektüre von Zuckmayers Memoiren »Als wär's ein Stück von mir« schrieb Barth dem Autor, stellte sich ihm vor und ließ ihn wissen, dass das Buch ihm Sympathie abgelockt und ein Lesevergnügen bereitet habe.

Dieser Brief wäre durch ein Missgeschick beinah verloren gegangen. Er wurde erst nach zwei Monaten entdeckt und beantwortet. Doch dann ergab sich eine rege Korrespondenz, ergänzt durch zwei persönliche Begegnungen. Es entwickelte sich zwischen diesen beiden Berühmtheiten ein Kontakt, der umso intensiver war, als ihm kaum Zeit blieb: Barth starb anderthalb Jahre nach dem Beginn der Bekanntschaft mit Zuckmayer.

Wer von dieser neuen Freundschaft erfuhr, war verblüfft. Zwei durchaus gegensätzliche Temperamente, zwei scheinbar unvereinbare Blutgruppen hatten sich getroffen. Und gefunden. In dem Briefwechsel wurde schier alles traktiert, was den beiden Alten in den Sinn kam: Musik, Literatur, Politik, Religion. Vital und geistreich waren beide – der eine, Zuckmayer, eher konservativ, aber opulent, der andere, der Schriftgelehrte, rebellisch und auf köstliche Weise respektlos. Sie wussten Ironie einzusetzen, ohne sich zu verletzen. Die Streitbarkeit dieser »munteren« Briefschreiber war der Herzlichkeit keinesfalls abträglich. Im Gegenteil. Je deutlicher die Verschiedenartigkeit und damit auch die correctio fraterna, die brüderliche Zurechtweisung, wurde, umso vertrauter, privater und intimer wurde ihr Umgang.

Sie trafen sich einmal im Hause Zuckmayer in Saas-Fee. Nach dem Mittagessen mit etlichen Gästen wollten die beiden Alten allein sein. Sie zogen sich in das Arbeitszimmer zurück. Sie unterhielten sich über die letzten Dinge, das Sterben, und was danach sein werde. Barth nannte den um zehn Jahre jüngeren Freund seinen »kleinen Bruder«. Zuckmayer entdeckte in Barth eine »Vatergestalt«. Der protestantische Denker und der katholische Dichter begegneten sich und spürten jeweils beim anderen, was sie bei sich nicht oder kaum kannten. In der Freundschaft treffen und ergänzen sich Bruchstücke.

Von dieser späten Freundschaft geht eine hilaritas aus, eine Heiterkeit und die Freiheit, »etwas über den Dingen zu stehen«, ohne sie, die Dinge, aus dem Blick zu verlieren. Diese zwei waren niemals fertig, hatten immer noch etwas vor sich, blieben neugierig bis zuletzt. Die Freundschaft zwischen Barth und Zuckmayer gönnte sich keinen Ruhestand. Sie wollten in der Zeit, die ihnen blieb, gemeinsam versuchen, sich und das Leben immer noch ein wenig besser zu verstehen.

Sie haben etwas füreinander übrig gehabt: nämlich Aufmerksamkeit. Des Telefons dürften sie sich keinmal bedient haben. Der bedachtsame Gedankenaustausch war die unentbehrliche Ingredienz ihrer Freundschaft. Dabei wollten sie sich nicht um den Genuss des gelungenen Ausdrucks bringen, und sie wollten empfangene Briefe mit ihrer Erwiderung so belohnen, wie es dem Partner zustand. Ihre Briefe sind nicht künstlich, aber kunstvoll.

Barth starb am 10. Dezember 1968, nach einem Tag voller Lektüre und Gespräche, eines »milden Todes«, wie es hieß. Zuckmayer folgte ihm 1977, fast genauso alt wie der Freund. Der »Wissensdurst«, den sie sich wechselseitig bescheinigten, scheint ihnen den Abschied erleichtert zu haben. Wer weiß, was kommt – scheinen sie, an der Grenze, gedacht zu haben.

Und noch eine Spielart der Freundschaft sei schließlich erwähnt: die Freundschaft mit Büchern. Sie kann, wenn man Acht gibt, ziemlich ungetrübt verlaufen. Um genau zu sein: Bücher sind keine Freunde. Aber sie sind wie Freunde. Sie können wie sie wirken. Katherine Mansfield fragt: »Ach, Tschechow, warum bist du tot? Warum kann ich nicht am Abend in einem großen, dämmerigen Zimmer mit dir plaudern?« Diese Frage offenbart den Wunsch nach einer unmöglichen Begegnung, nach einer Begegnung mit Menschen, die wir nie zu sehen bekommen werden, von denen wir aber annehmen, dass sie »geschaffen waren, unsere Freunde zu werden«. Man wird solche Freundschaft unerfüllt, unerfüllbar nennen. Ja, warum bist du tot, Tschechow, du und all die anderen? Ich gehe an meinen Büchern entlang und suche Zwiegespräche und stelle fest: Ihr seid gar nicht so tot, Tschechow und all die anderen. Es gibt Bücher, die weniger tot sind als Menschen. Es war ein Geschenk meines Lebens, viele der Autorinnen und Autoren meiner Bücher gekannt zu haben und mit nicht wenigen befreundet gewesen zu sein. Ich höre ihre Stimme, ich sehe ihre Gesten, wenn ich sie lese. Meine Bibliothek ist nicht stumm. Bücher vermitteln mehr als Wissen, sie laden zum Umgang mit Wissenden ein.

Und doch. Gefragt, ob er es vorziehen würde, nur mit Büchern oder nur mit Menschen zu verkehren, hat der alte Martin Buber sich, nachdenkend und durchaus nicht unverzüglich, zugunsten der Letzteren ausgesprochen. Zwar kämen ihm rein erfreuliche Bücher weit häufiger in den Weg als rein erfreuliche Menschen. Doch er habe, meinte er, von Büchern nichts gewusst, da er zur Welt kam, und er werde und er wolle ohne Bücher sterben, die Hand eines Menschen in der seinen. »Jetzt freilich schließe ich zuweilen die Tür zu meiner Stube und ergebe mich einem Buch, aber nur, weil ich die Tür wieder öffnen kann – und ein Mensch blickt zu mir auf.«

Herzblut im Briefcouvert

Es ist eigenartig: Mit dem Tagebuch habe ich kein Glück. Ich habe es beharrlich mit ihm probiert. In Zeiten, in denen ich allein leben musste, wollte ich mich, statt der Sprachlosigkeit anheim zu fallen, mitteilen. Aber wem? Nicht für andere, sondern für mich wollte ich Tagebuch führen. Das ist schon sehr viel. Ich habe meinem Tagebuch einiges zu danken: Aufbewahrung, Klärung, Prüfung, Sammlung. Nur Mit-Teilung ermöglicht es nicht. Es fehlt ein Empfänger. Durch die Wahrnehmung, dass der Bereitschaft, sich im Tagebuch zu öffnen, kein Widerhall folgt, bin ich mir meiner Einsamkeit noch bewusster geworden. Selbstgespräche sind ein Widerspruch in sich. »Du kannst dir nicht selber gute Nacht sagen«, findet Max Frisch. Lapidar wahr.

Ist Thomas Mann, dieser wohl pünktlichste Tagebuchhalter unseres Jahrhunderts, Verfasser eines

Romans, so entwirft er Leben, gestaltet Szenen und begibt sich in die Gesellschaft der Figuren, die seine Einfälle hervorbringen. Ist er Verfasser des Tagebuchs, so zählen die Fakten anstelle der Fiktion. Er hält sich akribisch an Tatsachen, ist Fanatiker der Ehrlichkeit, registriert und analysiert schonungslos und bringt nur das zu Papier, was allein ihm gehört und was Leser allenfalls nach seinem Tod aufschlagen dürfen.

Im Tagebuch ist nicht die Fantasie des Erzählers, sondern die Genauigkeit des Protokollanten gefragt. Blättere ich in meinen Notizen, so kehren meine Beobachtungen und ihre Beurteilung ungerührt zu mir zurück. Sie geben nur her, was sie von mir haben. Ich treffe in jeder Zeile »lediglich« mich selbst. Es ist wie beim Spiegel. Ich sehe das eigene Gesicht, keines, das Neugierde weckt, keines, dessen Mund ruhig bleibt, während meiner sich bewegt.

Ganz anders verhält es sich mit dem Brief. Er hat ein Gegenüber. Ich wende mich jemandem zu. Auch wenn der Brief kein Echo auslösen sollte, so ist er doch auf Ankunft, auf Wirkung bedacht. Ein Geben beginnt, dem ein Nehmen entspricht. Worte werden auf den Weg gebracht, die sich erst in Antworten vervollkommnen. So ist eigentlich ein Brief erst fertig, wenn der Gegenbrief sich hinzugesellt hat. Es gibt derart komplette Briefwechsel, Briefwerke, sehr berühmte und großartige; doch sie sind die Rarität und überragen selbst fleißige Liebhaber des Briefeschreibens haushoch.

Im Brief findet Zwiesprache mit einem Abwesenden statt, Dialog, manchmal auch Disput auf Distanz. Wenn ich mich anschicke, einen Brief zu schreiben, bleibe ich nicht einfach bei mir. Ich stelle mir den Adressaten vor, richte mich auf ihn ein, gehe auf ihn zu, wähle die zwischen ihm und mir übliche Umfangsform und male mir seine Reaktion aus. Ja, eigentlich ist er Ko-Autor, ist trotz Entfernung zugegen.

Ich werde gern leutselig im Brief und beschränke mich nicht auf das Nötigste. Ein Telegramm ist wortkarg. Es verknappt die Sprache, etwas gewalttätig, zu purer Information. Das lateinische Wort »brevis«, das auch im englischen Adjektiv »brief« und im französischen »bref« vorhanden ist, meint zwar »kurz«, und diese Bedeutung spiegelte sich in der ursprünglichen Praxis wider. Aber die Entwicklung der Lust und der Kunst des Briefeschreibens sorgte dafür, dass hier die beredteste Schriftsprache überhaupt entstand. Mangel an Überfluss – das wäre Armut.

Der Brief nötigt mich zur Artikulation meiner Gedanken, die ich, im Kleist'schen Sinn, beim Schreiben allmählich verfertige. So gibt er mir die Gelegenheit zur Selbstkonstitution, die ein Gegenüber voraussetzt. Ich wende mich im Brief nicht an eine anonyme, letztlich unvorstellbare Leserschaft, sondern habe eine konkrete Person vor Augen. Dabei setze ich nicht nur mich, sondern auch den Mitmenschen, dem ich mich widme, ein. Ich konstituiere uns beide. Mein Ich und ein Du gehen eine Korrelation ein.

Matthias Claudius, der indirekten und selbstgefälligen Sprache müde, erfand den Vetter Andres, dem er Briefe über Gott und die Welt zudachte: Kann doch nicht so ins Blaue schießen, muss doch jemand haben, nach dem ich ziele ... Andres ist für Claudius der andre. Aber nicht allein die Episteln an den erdachten Partner, nein, seine sämtlichen Dichtungen haben den Charakter der Anrede, der Bekanntmachung, des Weitersagens, der Anteilgabe, des Nichtfürsichbehaltens. Seine gesammelten Werke sind gesammelte Briefe an seine Leserinnen und Leser, ganz und gar von der Intention bestimmt, zur Kenntnis genommen zu werden. Geschriebene Sprache, fand Claudius, »ist ein infamer Trichter, darin Wein zu Wasser wird«. Aber die briefliche kommt der mündlichen Sprache am nächsten. Deswegen hat er sie bevorzugt und ihre Eigenart bis in die Poesie hinein spüren lassen. Im Alter, da ihm der Spaß, Papierrosen für die Literaturgeschichte anzufertigen, so langsam verging, wurde der Schriftsteller mehr und mehr zum Briefsteller. Seine Briefe (man besitzt reichlich tausend »billets« an Freunde und Angehörige, mehr sind leider nicht erhalten geblieben, zumal ihr Autor auf Verbrennung der Post Wert legte, da er Voyeuren abhold war) sind ein Supplement seines Œuvres, eine willkommene Zugabe: Ohne sie kennten wir diesen Dichter, der ein Bote sein wollte, nicht wirklich. Ein Bote kommt, man geht nicht zu ihm.

Der Brief ist eine der schönsten Ausdrucksformen, die menschlicher Geist ersonnen hat, und der Niedergang der Briefkultur, der weder zu leugnen noch aufzuhalten ist, geht mit einer Verkümmerung sprachlichen Vermögens und Vergnügens einher, über die lange zu räsonieren wäre. Jedes Lob des Briefes wird unter der Hand zum Nachruf. Technik vertreibt den Brief mit unerhörter Rasanz. Ob die Menschen ahnen, was ihnen abhanden kommt, wenn sie die Briefkunst verlernen? Muss nicht ungesagt bleiben, was sich nicht anders als im Brief sagen lässt?

Ich bin ein eifriger Briefschreiber, Tag für Tag, bin also auf die verschiedenste Weise mit den verschiedensten Menschen in dauernder Verbindung. An diesem Brauch hindert mich auch der Umstand nicht, dass die Erwiderung oft ausbleibt oder durchs Telefon, diesen Briefkiller ohnegleichen, erfolgt. Mit Fontane »bin ich geradezu Briefschwärmer« und ziehe sie, die Briefe, »weil des Menschen eigenstes und echtestes gebend, jedem anderen historischen Stoff vor«. So versteht es sich von selbst, dass ich auch ein eifriger Briefleser bin. Neben Biografien sind Briefe meine bevorzugte Lektüre.

Niemand kennt die Zahl der vergessenen, verlorenen, verbrannten oder nie angekommenen Briefe. Aber betrachten wir die Zeugnisse, die überliefert und in Editionen zugänglich gemacht worden sind, so handelt es sich um einen unschätzbaren Reichtum. Wie viel weniger wüssten wir, zum Beispiel, über die Epoche, die man den deutschen Idealismus nennt, wenn nicht damals ein fast ungehemmtes Mitteilungsbedürfnis in einer Hülle und Fülle Ausdruck gesucht und gefunden hätte. Es florierte ein Austausch von Nachrichten aller Art. Nirgends dürfte vergangene Wirklichkeit so unmittelbar gegenwärtig sein wie in ihnen. Briefe waren ausführliche Inserate, in denen privatim angezeigt wurde, was das ganze Menschenleben ausfüllt, von der Geburt bis zum Tod, das Lachen wie das Weinen umschließend. Deswegen sind sie »so viel wert«, meint ein Meister dieser Gattung, Goethe, »weil sie das Unmittelbare des Daseins aufbewahren«.

Er wollte allerdings gekonnt sein und gepflegt werden, der Brief. Der Brockhaus von 1827 gönnt diesem Stichwort mehr als fünf eng bedruckte Seiten. »Von dem musterhaften Briefe«, so heißt es dort streng, verlangen wir, »dass er, aus der Eigentümlichkeit des Schreibenden hervorgegangen, dieselbe auch bezeichne; aber wir fordern damit auch, dass der Brief, um auf den Empfänger die gewünschte Wirkung hervorzubringen, die Eigentümlichkeit desselben gleichfalls beachte und sich derselben anschließe.« Es folgt eine Typologie der Briefe, und da werden die »vertraulichen« besonders bewertet, weil ihnen am meisten Gemütssubstanz überantwortet werden kann. Es sind »die Verhältnisse der Verwandtschaft, der Liebe, Freundschaft, Dankbarkeit, des wohlwollenden Umgangs, auf welche sich die vertrauliche Mitteilung gründet, und so umfassend der Kreis der Gegenstände ist, welche ein Herz dem andern mitteilen kann, so umfassend ist auch der

Inhalt des vertraulichen Briefs; so verschieden die Individualität und Lage des Schreibenden, so verschieden auch der Ton und die Form, welche der vertrauliche Brief annehmen kann«. Aber trotz hoher Erwartungen an den Briefstil wären eine Theorie oder Vorschriften gewiss sein Ende. Entscheidend ist ein Gespür für das Maß der möglichen Vermittlung, für die Stimmigkeit der Gefühle und ihrer Bekundung. Ein von ungelenker Hand verfasster Brief kann unvergleichlich mehr Gewicht haben als die Glanzleistung eines homme de lettre. Deswegen wagt Brockhaus, aufschlussreich für seine, leider kaum noch zutreffend für unsere Zeit, den »vertraulichen Brief« auch als den »Empfindungsbrief« zu bezeichnen. Ein Lexikon war einmal nicht nur Datenbank, sondern Richtschnur.

Der Empfindungsbrief lässt den Empfänger die sämtlichen Regungen und Rührungen mitdenken, mitfühlen, mitwünschen, mitdulden, die den Schreibenden zur Selbstäußerung, zum Anvertrauen, zur »Herzensergießung« drängen. Heine spricht vom »Herzblut im Briefcouvert« und vom »Seelenbesuch«, den man demjenigen abstattet, dem man seine briefliche Aufwartung macht. Da nimmt es nicht wunder, dass die hohe Zeit der Briefkultur vorwiegend von Frauen geprägt wurde. Ihre Mitwirkung am Literaturbetrieb wurde nicht gern gesehen. So wurde der Brief ihr Medium. Briefe schreibend wurden Frauen zu Autorinnen.

Der Schatz ist ungehoben. Wir werden ihn nie zu Gesicht bekommen. Aber an dem Tag, an dem die Postkutsche abging, haben ungezählte Frauen wie Caroline Schlegel ihre »Briefe dutzendweise expedirt«. Caroline stand keineswegs allein mit ihrem »schreibseligen Rappel«. Die vitalsten, die lesenswertesten Beispiele aus dem »Jahrhundert des Briefes« stammen von Frauen. Ohne Umwege haben sie Leben in Worte gefasst.

Natürlich waren es nicht zuletzt die gaudia domestica, die häuslichen Freuden, die es wert waren, erzählt zu werden. Aber wie oft wurden sie getrübt. Wie oft muss von Krankheit und Sterben, von Tränen und Gram berichtet werden. Ausgerechnet Briefwechsel, die Hymnen der Liebe sind, enden mit der traurigsten Kunde, die ein Brief übermitteln kann. Wie nah Liebe und Schmerz beieinander sein können, das ist nicht anrührender zu demonstrieren, als wir es in den Briefen, die zwischen Meta Moller und Friedrich Gottlieb Klopstock oder zwischen Luise Mejer und Heinrich Christian Boie oder zwischen

Eva König und Gotthold Ephraim Lessing hin- und hergingen, nachlesen können. Die Zahl solcher in Briefen sich widerspiegelnden Schicksale ist Legion.

Das Liebespaar Eva König und Lessing brauchte lange Geduld, bis es endlich zusammenfand. Nach Jahren quälenden Wartens soll die Hochzeit »impromptu« stattfinden. Ein gutes Jahr später, zu Weihnachten 1777, kommt Eva mit einem Kind, einem Sohn, nieder. Er stirbt tags darauf. Lessing schreibt einem Freund: »Ich ergreife den Augenblick, da meine Frau ganz ohne Besinnung liegt, um Ihnen für Ihren gütigen Antheil zu danken. Meine Freude war nur kurz: Ich verlor ihn so ungern, diesen Sohn! Denn er hatte so viel Verstand! So viel Verstand! – Glauben Sie nicht, dass die wenigen Stunden meiner Vaterschaft mich schon zu einem Affen von Vater gemacht haben. Ich weiß, was ich sage. – War es nicht Verstand, dass man ihn mit eisern Zangen auf die Welt ziehen musste? Dass er so bald den Unrath merkte? – Freylich zerrt mir der kleine Ruschelkopf auch die Mutter mit fort. – Denn noch ist wenig Hoffnung, dass ich sie behalten werde. – Ich wollte es auch einmal so gut haben wie andere Menschen. Aber es ist mir schlecht bekommen ...« Nach zwei Wochen meldet sich Lessing noch einmal: »Meine

Frau ist todt: und diese Erfahrung habe ich nun auch gemacht. Ich freue mich, dass mir so viel dergleichen Erfahrungen nicht mehr übrig seyn können zu machen; und ich bin ganz leicht ...« Walter Benjamin merkt zu diesem Lakonismus an, hier habe »der Tod nicht nach der Geliebten allein, sondern auch nach der Feder« des Liebenden gegriffen. Die Verzweiflung eines Menschen drängt sich ohne Umschweife in einen Brief wie diesen.

Die Frage, ob Briefe, die alle Tiefen und Höhen durchlaufen, heute noch geschrieben werden, wird gern verneint. Sie sind selten geworden, zweifellos, und ein Vergleich mit der Blütezeit wird sich nie mehr einstellen. Aber ausgestorben? Noch entstehen Schriftstücke, in denen »ein Herz dem andern mitteilen« kann oder will oder muss, was es höher schlagen lässt oder betrübt. Ich weiß es und gebe die Hoffnung nicht auf. Wir stünden jämmerlich da, wären der Brief und die Fähigkeit oder der Mut, ihn zu schreiben, nur noch ferne Geschichte. Wenn Briefe »das Unmittelbare des Daseins aufbewahren«, so wäre das Dasein selbst in Gefahr zu verkümmern, wenn es keine Worte mehr für sich fände.

Unser Zeitalter hat den Brief zwar literarisiert, aber bislang nicht völlig vernachlässigt. Freundschaftlicher

Gedankenaustausch, geistreiche Konversationen, voluminöse schriftliche Diskurse, ganze Brief-Opera füllen meine Regale und reizen zur Vertiefung, lauter Kunstwerke kleineren und größeren Ausmaßes. Wieder muss Thomas Mann erwähnt werden. Oder Kafka. Oder Hesse. Oder Rilke. Oder Hofmannsthal. Dass ihre Verfasser mit späterer Veröffentlichung liebäugelten, ist freilich in nur wenigen Fällen auszuschließen. Und was ist mit den Briefen, die wir nicht kennen, die nur die oder den erreichten, für die oder den sie bestimmt waren? Sie sind der Normalfall. Sie haben ihre Funktion erfüllt. Sie sind uns, den Zaungästen, entgangen, zum Glück. Gelegentlich kommen welche zum Vorschein, mit Absendern ohne Prominenz, und da darf man staunen bei der Feststellung, dass viel mehr Talent für die Briefschreibekunst verbreitet sein dürfte, als wir befürchten.

Sehr viele Briefe sind in außergewöhnlicher Situation entstanden, als einzige Möglichkeit einer Verständigung. Es sind Vermächtnisse. Ich nenne zwei Beispiele, naturgemäß bekannte, die stellvertretend für Abertausende stehen: den Brief Kurt Tucholskys an Arnold Zweig, mit dem er für immer Abschied nimmt von einem Deutschland, das er hoffnungslos geliebt und deswegen getadelt hatte. Nicht minder ergreifend die Zeilen, die Helmuth James von Moltke aus dem Gefängnis Tegel vor seiner Hinrichtung an seine Frau Freya, sein »liebes Herz«, und zu guter Letzt an seine kleinen Söhne geschrieben hat. Welche andere Literaturform will gegen diese Zeugnisse des »Unmittelbaren des Daseins« bestehen? Mitteilungen dieser Intensität in Sammelbänden zu lesen, entwertet sie und macht ihre Einzigartigkeit vergessen. Solche Texte gehören eigentlich nicht in Anthologien, sondern in Biografien.

Aber so gern und so oft ich mit ihnen verkehre, den souveränen Meistern der Kunst, Briefe zu schreiben – in meinem Lob dieses Genres möchte ich nicht ihnen das letzte Wort lassen. Der Brief ist mehr als eine Kunstgattung. Er ist ein Stoßseufzer der Menschlichkeit. Ein siebzehnjähriger Bauernjunge, der, ohne es zu begreifen, Soldat geworden und in den Krieg geraten war, schrieb im Winter 1945/46 diese Karte an sein Elternhaus: »Lieber Vater! Ich bin jetzt in russischer Kriegsgefangenschaft. Hier ist vielleicht was los! Dein treuer Sepp.« Das konnte man wohl sagen. Und damit war auch alles gesagt – von einem, dem die Gabe des Wortes nicht beschert war und der sich dennoch seinen Nächsten mitzuteilen wusste.

Anfang und Ende gehören zusammen

1901 wurde das »Jahrhundert des Kindes« ausgerufen. Es kam anders. Es entpuppte sich als das »Jahrhundert der Alten«. Während die Geburten- und Sterberaten merklich zurückgingen, nahm die Lebenserwartung viel rascher zu als angenommen.

Geburtenrückgang auf der einen und Lebensverlängerung auf der anderen Seite bewirken eine Ergrauung, eine Alterung der Gesellschaft. Sie wird kinderarm. Bisher ungeduldig auf Veränderung, auf Neuerung, auf Wachstum und Fortschritt bedacht, werden ihre Züge plötzlich greisenhaft. Sie stagniert, wird ruheständlerisch, erlebt ein Defizit an Nachgeborenen. Die Vermehrung älterer wird mit der Verringerung jüngerer Menschen bezahlt. Eine Disproportion hat sich eingestellt, ein Missverhältnis zwischen Geburts- und Todesanzeigen.

Fortpflanzung ist nur möglich um den Preis des

Todes. Wird der Tod zurückgedrängt, ist die Fortpflanzung bedroht. Dass wir geboren werden, bedeutet, dass wir sterben müssen. Und umgekehrt. Anfang und Ende gehören zusammen. Aber in der Wissenschaft wird daran gearbeitet, diesen Kreislauf auszudehnen oder gar aufzuheben. Es wird vorstellbar, dass den biochemischen Alterungsprozessen eines nicht zu fernen Tages Einhalt zu gebieten sei. Der Tod erscheint nicht mehr als zur Natur alles Lebendigen zählende Notwendigkeit, sondern als eine lange aufschiebbare und womöglich irgendwann vermeidbare organische Fehlleistung. Der uralte Wunschtraum der Menschen, nicht mehr sterben zu müssen, könnte also einmal umschlagen in den Alptraum, nicht mehr beizeiten sterben zu *dürfen*, sondern *leben zu müssen*, zum Leben verdammt zu sein. Sollte es, um das Extrem anzunehmen, gelingen, den Tod abzuschaffen, müssten wir auch die Fortpflanzung abschaffen. Denn sie, die Fortpflanzung, ist die Antwort des Lebens auf den Tod.

Geburt und Tod gehörten bisher zu den nicht disponiblen Tatbeständen unserer Existenz. Die Menschen treten in eine ganz und gar neue Phase ihrer Geschichte ein, wenn sie es ermöglichen sollten, Leben so zu manipulieren, dass sein Beginn und sein

Schluss der eigenen Entscheidung überlassen werden. Für wie erstrebenswert solche Errungenschaften zu halten sind, ist strittig. Empfinden die einen sie als erschreckend und vermessen, als Ausgeburten von Größenwahn, so begrüßen andere sie als einen Erfolg des zur Mündigkeit, zur Unabhängigkeit, zur Selbstgestaltung herangewachsenen Menschen.

Mögen solche Erwägungen aberwitzig und noch nicht spruchreif erscheinen, so liegen sie doch längst in der Luft. Es gibt Laboratorien, in denen sie durchgerechnet und simuliert werden. Ich werde nicht mehr erleben, ob und wie die Prognosen sich bewahrheiten. Aber die Zukunft hat schon begonnen. Wir können der Einsicht nicht ausweichen, dass einstmals fundamentale Gegebenheiten des Menschseins ihre unantastbare Gültigkeit verloren haben. Was einmal Fügung war, ist Sache unserer Verfügung geworden. Wir erfahren in Ansätzen und Vorzeichen heute bereits Umschichtungen und Verzerrungen, deren Konsequenzen für die innere und äußere Verfassung unserer Gesellschaft gravierend sind.

Die neuen, die jungen Alten, die bald ein Drittel unserer Bevölkerung ausmachen werden, bilden ein enormes, zur Stunde noch kaum erkanntes oder gar anerkanntes Potenzial. Doch zugleich ist festzuhalten, dass es von erheblichem Einfluss ist, wenn das Kind, die Puerilität, rar wird und der Greis, die Senilität, an Boden gewinnt. Erinnerung wird stärker als Erneuerung. Es wird mehr zurück- als vorausgeschaut. All das Gewordene hemmt, was werden will. Ein Verlust an Verjüngung ist immer zugleich ein Verlust an Verheißung.

Neid, auch Streit zwischen Alt und Jung hat es zu jeder Zeit gegeben und wird und soll es weiterhin geben. Doch die Gefahr, die entsteht, wenn der Anteil der Alten rapide wächst, während die Jungen eine Minderheit darzustellen beginnen, ist neuartig. Die alternde Gesellschaft ist im Begriff, sich zu einer kinderfeindlichen Gesellschaft zu entwickeln. Anzeichen dafür mehren sich. Beispiele einer aggressiven Aversion älterer und alter Menschen gegen die Quicklebendigkeit von Kindern und Jugendlichen erleben wir allenthalben. Es wird bereits ein »Krieg der Generationen« angesagt, der ausbricht, weil die Alten den Lebensraum der Jungen einschränken.

Was ich, als älterer oder alter Mensch, in mir nicht mehr zulassen kann, das gestehe ich anscheinend auch anderen nicht zu. Dieser Abneigung, diesem Hass gegen das Junge, das Frische, das Vitale liegt eine tiefe Angst zu Grunde, die Angst vor allem

Lebendigen, eine Bitterkeit auch, weil der Tod näher und das Leben ferner rückt.

Die Kinderfeindlichkeit hat einen Verwandten: Er heißt Fremdenfeindlichkeit. Sie gleichen sich in der Unfähigkeit, mit der Herausforderung umzugehen, die alles Unbekannte, Ungewohnte oder Unerwünschte für uns bedeutet. Man wehrt sich gegen die Zumutung, Grenzen zu öffnen, innerhalb derer man sich eingenistet und Sicherheit verschafft hat. Man entzieht sich der Mühe der aufgeschlossenen Begegnung, indem man der Gegenseite kurzerhand Gegnerschaft unterstellt. Was sich jenseits des eigenen kleinen Horizonts abspielt, gilt als unheimlich. Diese Ängste vor dem Fremden führen zur Starrheit, zur Behauptung oder Vortäuschung einer Stärke, die durch und durch morsch ist. Eine der Krankheiten unserer Zeit ist die Vermeidung des Eingeständnisses von Schwäche. Das getroste und souveräne Eingeständnis von Schwäche aber ist die Voraussetzung für ein fruchtbares Zusammenleben von alten und älteren Menschen mit Kindern und Jugendlichen. Wenn wir mit der Stärke nicht unsere Schwäche zu kaschieren versuchen, kann die Schwäche unsere eigentliche Stärke werden. Das schöne biblische Wort: »Meine Kraft ist in den Schwachen mächtig!« meint genau dies.

»Unsere Gebrechen sind unsere Waffe«, haben die Grauen Panther einmal gesagt. »Kein Polizist wagt es, uns zusammenzuschlagen«, meinten sie und reihten sich mit jungen Eltern und deren Kindern in die Friedensketten ein. In dieser reizvollen Mischung aus Wut und Mut bewiesen sie, dass ihnen die Nachwelt weder egal noch zuwider ist. Sie traten miteinander nicht für dies oder das ein, sondern für die Hauptsache: für das Leben.

Großeltern und Enkel, mehr und mehr sogar Urgroßeltern und Urenkel – das ist ein Bündnis von merkwürdiger Sympathie. Es wird oft augenzwinkernd und hinter den Rücken der Eltern vollzogen. »Ach, bleibt so klug, wenn ihr erwachsen seid«, ermuntert einer, der Kinderbücher schrieb, weil er die Erwachsenen nicht reif genug fand, Erich Kästner, die Kleinen, denen er beim Spiel zuschaut. Die Klugheit der Kinder kann der Klugheit der Alten ähneln. Und zwischen die Klugheit der Alten und die Klugheit der Kinder schiebt sich eine oft erschreckende Unklugheit derer, die an der Macht sind und ihre Instrumente perfekt beherrschen. Vielleicht können und sollten Kinder und Alte so etwas wie eine »dritte« Kraft, eine Zone der Machtlosen gegenüber den Machtbesessenen jeder Couleur darstellen? Nur

Menschen übrigens haben Großeltern. Die Tierwelt kennt sie nicht. Sollten wir dieses Potenzial nicht nutzen?

Bei Konfuzius lese ich: »Als ich siebzig war, konnte ich meines Herzens Regungen folgen.« Staunend entdeckt Konfuzius eine Freiheit, die ihm bislang nicht zuteil geworden war. Er stellt das Alter in ein anderes, in ein helleres Licht. Ich genieße im Alter tagtäglich die Chance, ohne Druck fleißig zu sein, ohne Außenbestimmung zu arbeiten, also auf die Regungen des Herzens zu achten, statt ein Programm zu erfüllen. Ohne die Miseren des Alters und seine deprimierende Wirklichkeit zu verkennen, öffne ich doch die Augen für die Tatsache, dass manch ein Verlust durch manch einen Zugewinn aufgehoben wird. Das Idol vom vollständigen Menschen verstellt die Einsicht, dass es keine Individualität ohne Invalidität gibt. Das trifft für alle Stufen des Lebens, insbesondere für die späten, zu.

Das Alter bringt neben Belastung auch Festigung, neben Verzicht auch Bereicherung, neben Erstarrung sogar Avantgardismus, neben Rückbildung und Auflösung unverhoffte Entfaltungs- und Gestaltungskräfte mit sich. Viele Hemmungen und Spannungen, die zuvor unerträglich erschienen, erübrigen sich im

Alter von allein. Ein nur vom Manko bestimmtes Bild wird den Konturen einer Alterspersönlichkeit niemals gerecht. Die Welt mag ärmer werden an Reizen, an Farben, an Düften, an Tönen, dafür aber klarer und durchsichtiger. Ist das Denken nicht mehr ganz so anschaulich und emotional, so wird es dafür besonnener und weniger gestört sein durch eine Überfülle plastischen Erlebens. Das Gedächtnis wird nicht in jedem Fall einfach nur schlechter, sondern im Grund wählerischer, es unterscheidet.

Zwar kennen wir die redselige Weitschweifigkeit alter Leute; nicht einmal Plato ist ihr in seinem letzten Werk »Das Gesetz« entgangen. Anders wiederum der alte Goethe: Einen poetischen Gedanken, den er jahrelang in sich genährt hat, drängt er in wenige Worte hinein – die Weite in eine Nuss-Schale. Und im Fernen Osten, wo die Kultur des Greisenalters auf den höchsten Gipfel gebracht worden ist, gibt es eine eigentümliche Kunstform: lyrische Gebilde, die aus nur siebzehn Silben bestehen. Das ist beredtes Schweigen, das die Erfahrung eines ganzen Lebens einfasst.

Das Alter hat viele Gesichter, viele Sprachen, erschöpfte und schöpferische. Will Max Frisch nicht übersehen, »wie widerlich das Alter« ist, so kann

Isaak B. Singer in seinen Novellen »Old Love« die verhaltene sinnliche Schönheit der späten Liebe rühmen. Die Untersuchung des Knochengerüsts von Thomas Mann brachte eine Verkalkung bis zum letzten Halswirbel an den Tag; der Kopf aber war klar bis zum Tod. Pablo Casals übte noch mit neunzig Jahren täglich vier bis fünf Stunden mit seinem Cello. Auf die Frage: Wozu das denn? antwortete er: »Ich habe den Eindruck, ich mache Fortschritte.« Gemeinsam mit Casals und weiteren Altersgenossen wie Albert Einstein hat Albert Schweitzer in seinem letzten, dem neunten, Lebensjahrzehnt öffentlich vor allen »Atomlyrikern« gewarnt und gegen die Weltverseuchung Einspruch erhoben. Dass er die Stirn hatte, Regierungen zu attackieren und zum Argwohn gegen sie aufzurufen, veranlasste viele ehemalige Anhänger und Verehrer, sich von ihm abzuwenden und an der Zurechnungsfähigkeit dieses Frondeurs zu zweifeln; der parierte: »Ich bin betagt, nicht umnachtet.« Ebenso sein Freund Bertrand Russell. Noch als fast Hundertjähriger ist der Lord auf die Straße gegangen, um Demonstrationen anzuführen. Der Nobelpreisträger ließ sich von der Polizei abschleppen. Politiker fürchteten seinen entlarvenden Witz und Richter seine Überlegenheit, mit der er sie, die Robenträger, während der Verhandlung, die seine Verurteilung zum Ziel hatte, im Nu in die Rolle der Angeklagten versetzte. In seiner Person verbanden sich Charakter, Charisma und Charme. Und so wurde er, wie Schweitzer, weltweit zur Symbolfigur für eine junge Generation, die sich dagegen wehrt, dass das »Erbe der Väter« zu einer fürchterlichen, zu einer todbringenden Last wird.

Ich hatte das Glück, solchen großen Alten zu begegnen. Waren sie so bevorzugt, so herausragend, dass jeder Hinweis auf sie oder gar ein Vergleich mit ihnen sich verbietet und in uns allenfalls das Bewusstsein hoffnungsloser Unterlegenheit bewirkt? Die Frage ist nicht klug gestellt. Sie müsste besser lauten: ob nicht auch wir, jeder von uns, etwas freier, etwas lebendiger, etwas mutiger, etwas liebevoller sein könnten – als wir es sind?

Den Beitrag, den wir von den neuen Alten, die, ironischerweise, eine kommende Generation darstellen, zu erwarten haben, sehe ich nicht in der Bewahrung einer oft vorgetäuschten Harmonie, sondern in der Herstellung einer ergiebigen Spannung. Die neuen Alten, so ist zu wünschen, mögen wohl stabilisieren, aber auch ein Element der Unruhe sein. Die Gesellschaft braucht ihr Anderssein, nicht ihre Angepasstheit. Die neuen Alten sind selbstbewusst, anspruchsvoll, politikfähig und auf vielen Gebieten beschlagener als ihre Vorgänger noch vor dreißig oder fünfzig Jahren. Sie entdecken ihren speziellen Daseinssinn, ihre eigene Mündigkeit und werden dafür sorgen, dass sie angemessen leben, mitreden, wirken, wohnen, wählen, eben: Anteil nehmen können. Es kommt darauf an, ihr Inter-Esse, ihr Dabeisein, zu protegieren. Spätestens in den mittleren Jahren, in denen sich – von Männern meist unbemerkt, von Frauen empfindlich wahrgenommen – eine Phasenablösung ereignet, ist vorzubereiten, wie der nächste Lebensabschnitt gestaltet werden soll.

Erziehung der Gefühle und des Geschmacks, die Fertigkeit zu denken und zu lernen, die Kunst des Gesprächs, in der das Hören dem Sagen vorgeordnet ist, also all das, was Bildung und Kultur ausmacht, ist kein Luxus, kein Privileg, auch keine Illusion mehr, sondern Bedingung und Ziel einer humanen Altenpolitik. Immer mehr Menschen können sich im Alter eine Ehrgeizlosigkeit, eine Unbestechlichkeit, eine Wahrhaftigkeit, eine Selbstachtung, einen Humor erlauben, die sich in einer durch maskulines Leistungsprinzip geprägten, strapazierten und entfremdeten Gesellschaft als erfrischend und befreiend erweisen könnten. Sie erfreuen sich des Vorzugs, den Zwängen der Karriere und der Konkurrenz entkommen zu sein. Der die Zunge ausstreckende Albert Einstein versinnbildlicht die Unerschrockenheit und Despektierlichkeit der Alten. Autoritäres Gehabe können sie belächeln. Liebedienerei hat sich erledigt. Das große Geschenk, das ihnen zuteil wird, ist nicht in erster Linie ihre Freizeit, sondern ihre Freiheit.

Der »vaterlosen Gesellschaft« wachsen hier und da Großväter zu, Sokrates-Figuren, mit denen man gern den vorurteilsfreien Dialog sucht, zornige alte Männer und Frauen, deren gerettete Jugendlichkeit sich mit Reife, deren Erfahrung sich mit Offenheit, deren Nonkonformismus sich mit Verlässlichkeit, deren Toleranz sich mit Radikalität, deren Gefühl für Tradition sich mit Bereitschaft zum Fortschritt verträgt. Stellvertretend können viele Alte eine Aufgabe übernehmen, die eigentlich die Gesellschaft als ganze zu erfüllen hätte: die Wahrnehmung einer Verantwortung für die bedrohte Lebenswelt derer, die nach uns geboren werden. Die erschreckende Abwesenheit von Sensibilität, die Unfähigkeit der jetzt herrschenden Generation, sich lebensgefährlichen Entwicklungen, die wir auf dem ganzen Erdball durchmachen, vital zu widersetzen, fordern die Kritik und den Protest derer heraus, die unabhängiger sind als diejenigen, die an den Hebeln sind und bleiben wollen. Viele alte Menschen können zu Vertrauensträgern werden für um eine lebens- und liebenswerte Zukunft besorgte junge Menschen. Natürlich wird man ihre Pro-Vokation stets zurückweisen und abwerten mit besserwisserischen Allüren: Die haben gut reden etc. Ja, vielleicht haben sie wirklich »gut reden« und können auch gut urteilen, sodass gut beraten wäre, wer auf sie hörte.

In allen komplexen Kulturen gab es so etwas wie einen Senat, als sichtbare oder unsichtbare Einrichtung. Wohl mit Autorität, aber durchaus nicht partout mit Macht ausgestattet. Der Rat eines solchen Senats könnte heutzutage umso mehr Gewicht haben, als er auf den Anspruch einer Position im Kräftespiel der Positionen verzichtet. Um Partei *nehmen* zu können, sollten wir Alten davon absehen, Partei zu *sein.* Denn nicht das Amt, nur das Argument wiegt. »Wenn ein alter Mensch die Erde verlässt«, so lautet ein Sprichwort aus Zimbabwe, »ist es, als verbrennte eine ganze Bibliothek.« Wie eine Bibliothek steht der Rat der Alten, steht ihr Wissen der Gesellschaft zu Gebote. Man kann sich ihrer bedienen, man muss es nicht.

Fontane über seinen Vater: »Denn wie er ganz zuletzt war, so war er eigentlich.« Eigentlich – das bedeutet: er selbst. Manchmal lernt man Menschen kennen, auf die diese schöne Kennzeichnung zutrifft. Und es lohnt sich, bei ihnen zu verweilen. Menschen, die spüren, dass ihr Leben sich neigt, bedrückt oft der Gedanke an die ungewisse und gefährdete Zukunft, der Gedanke, nicht bei denen bleiben zu können, um die sie sich sorgen. Mit dem Bewusstsein, nicht mehr viel Zeit zu haben, wächst der Kummer, allein lassen zu müssen, die man liebt. Die Trauer der Hinterbliebenen nehmen diejenigen, die von ihnen gehen, bereits vorweg. Sie weinen nicht um sich, sondern um sie. Mit der Ahnung des Todes (und ich nehme sie bei uns allen an) beginnt ein Abschiednehmen – zumeist still, um die Umgebung zu schonen. Ich habe das erlebt. Und jeder erinnert sich an manch ein Adieu, dem kein Wiedersehen folgte. Der oder die hat »schon den Blick von drüben«. Diesen Ausdruck habe ich als Kind oft gehört. Seine Hintersinnigkeit hat mich immer in Grübeleien versetzt. Das war nicht metaphysische, sondern metaphorische, nicht religiöse, sondern poetische Sprache, zumal sie – bei mir zu Hause – plattdeutsch daherkam, ohne einen Beweis führen zu können oder zu wollen.

»Drüben« meint nicht nur »oben«, sondern »vorn«. Nach chinesischer Weisheit begegnen die Alten den Jungen mit dem Gruß: »Es ist schon später, als du denkst.« Das Heute ist bereits Gestern. Die Zukunft ist vorhanden. Jüdische Philosophie des Mittelalters hebt als besondere Begabung alter Menschen die sensorische Fähigkeit hervor, »im Winter des körperlichen Lebens die Merkmale des kommenden Frühlings zu erspüren«. Sie horchen auf das, was »ihnen blüht«. Bei den Griechen werden die Seher als sehr alt dargestellt; nicht selten auch als blind; sie schauen nach innen, um zu erkunden, was naht. Sie können Hinweise empfangen, die melden, dass das, was ist, nicht alles ist, also auch anders und sogar besser werden kann. Indem sie das Wirkliche durch das Mögliche ergänzen, greifen sie eine Denk- und Lebensweise an, die unsere Zeit bedenklich charakterisiert und die ich als die »Weltferne der Realisten« bezeichne. Die Welt und der Mensch sind mehr, als sie sind. Diese Kunde könnten uns die lebendigen Alten, die nicht stehen geblieben sind und die nicht aufgehört haben zu wachsen, vermitteln. Wir hätten sie ziemlich nötig.

Ein Mensch zu sein

Als Freund biografischer Literatur komme ich in der Bibel auf meine Kosten. Sie ist eine Bibliothek oft sparsam, aber glänzend erzählter Lebensgeschichten; mit allen Höhen und Tiefen, mit viel Abgrund, aber wenig Goldgrund, jedoch aufgeschrieben mit dem Wissen, dass vieles, was dem Menschen widerfährt, was ihm zufällt, nicht einfach Zufall ist, sondern als Geschick, als geschickt erscheint, also von weither kommt.

Der Abstand zu den dargestellten Figuren ist zunächst groß. Verringert er sich bei häufiger Beschäftigung, kann die Lektüre dramatisch werden. Der Leser wird zum Teilnehmer, das Buch zum Hörspiel. Da gibt es Haupt- und Nebenrollen, Helden, Schufte, Akteure, Komparsen, Mitläufer, Heuchler und Verräter, David, Pilatus und Herodes, Maria und Martha, Gläubige und Gläubiger. Wir sind alle da. Nur Heilige sind rar.

Lieber als die sorgfältig ausgeführten Porträts sind mir die Skizzen, die Schattenrisse, die meiner ergänzenden Vorstellungskraft bedürfen. Zum Beispiel bei Joseph. Nicht viel ist von ihm bekannt. Lange Zeit hat er nicht einmal Einlass in die Weihnachtsbilder gefunden. Die Tiere, die Hirten, die Magier – alle waren vor ihm da. Er ist ein Nachzügler, eine Randfigur, kein Zauberer, sondern ein Zauderer.

Sogar der Vater des Kindes, das alle Welt bestaunt und beschenkt, darf er lange nicht sein. Gleich die ersten Berichterstatter haben ihn seltsam behandelt. Einerseits zitieren sie ausführlichst seinen Stammbaum. Andrerseits beschreiben sie ihn als potenzlosen Greis – ungeachtet der Tatsache, dass er nach Jesus noch etliche handfeste Kinder gezeugt haben dürfte. Auf mittelalterlichen Tafeln sitzt Joseph meist ein wenig abseits, sinnt, muss ohne Nimbus auskommen und ist von winziger Gestalt, während das übrige Weihnachtspersonal – Maria zumal, aber auch die kostbar gewandeten Könige sowie die polternden Männer vom Feld – den Raum auffällig füllt.

Auf einigen Bildern sind, man kann es nachmessen, das Kind und Joseph gleich groß. Er kauert unbeteiligt in der Ecke und versieht häusliche Dienste, schürt das Feuer, rührt den Brei oder nimmt die

Präsente entgegen und verstaut sie in einem Kasten: ein zarter nicht nur, ein zärtlicher Mann. Er schöpft Wasser aus dem Ziehbrunnen, baut einen hegenden Zaun um den Stall, blickt gelegentlich zu dem Kind hinüber. Er hält, wohl zur Andeutung der Nacht, eine Laterne in der Hand; aber das Licht, das von der Krippe ausstrahlt, ist weit heller. Matthäus behauptet, dieser Mann habe Maria heimlich verlassen wollen, weil sie schwanger wurde, »ehe er sie heimholte«. In einer apokryphen Schrift heißt es noch deutlicher: »Joseph wurde von Zweifeln erfasst und verwirrt. Er fürchtete sich und nahm sich vor, in aller Stille davonzuschleichen. Infolge dieses Kummers aß und trank er nicht mehr.«

Er hat sich nicht einmischen wollen. Er fühlte sich den Ereignissen, die sich hier abspielten, nicht gewachsen. Alles war ihm zu wundersam. Nicht wirklich durchblickend, leise kopfschüttelnd, aber hilfsbereit und beschützend zog er mit Frau und Kind durchs Land, um sich schätzen zu lassen. Was sollte er mehr tun?

Ich mag auch den andern Joseph, den aus Arimathäa. Er war Ratsherr in Jerusalem, vermögend, angesehen und, als Vertreter der altadligen Laiengeschlechter des Landes, Mitglied des Synedriums.

Offensichtlich fühlte er sich bereits eine Zeit lang hingezogen zu dem Rabbi, den sie nun ans Kreuz geschlagen hatten. Aber »aus Furcht vor den Judäern« hat er seine Zuneigung geheim gehalten. Er war ein nachdenklicher, kein vorschneller Mann, anders als Petrus, der Haudegen, der freilich verschwand, als er hätte bleiben sollen. Joseph hätte, wie Nikodemus, Jesus nur bei Nacht um eine Unterredung zu ersuchen gewagt.

Jetzt aber, nach der Kreuzigung, tritt er aus seiner Anonymität heraus. Er zählt zu jener Gruppe von Juden, die auf das baldige Erscheinen des Messias und auf die Tröstung Israels warten. Deswegen hat er sich in Jerusalem, wo die Toten zuerst aus ihren Gräbern gerufen werden sollen, eine Gruft in den Felsen hauen lassen. Während im Heiligtum schon die Pasahlämmer geschlachtet werden, geht Joseph zusammen mit Nikodemus zu Pilatus, um sich den Leichnam desjenigen von den drei Hingerichteten auszubitten, dessen offizieller Schuldtitel »König der Juden« lautete und der damit öffentlich als Feind des Kaisers verdächtigt und angeklagt worden war. Sich als dessen Freund auszugeben, war sehr riskant. Überdies bedeutet Berührung mit dem Toten Verunreinigung.

Aber Joseph, der gut und gerecht genannt wird und der die Übertretung des Gesetzes fürchtet, wagt es. Er legt den toten Jesus in ein sauberes Linnen. Ob die Frauen, die ihm gefolgt sind, ihm helfen? Nikodemus bringt Aloe und Öl, bei hundert Liter. Es wird zur Mumifizierung benötigt. Die beiden Männer wenden zum Schutz gegen den Verwesungsprozess so viel Sorgfalt auf, dass sie mit der Möglichkeit, der Tote werde nach drei Tagen zum Leben zurückkehren, nicht gerechnet haben dürften. Sie haben einen Menschen begraben, endgültig, und mit ihm wohl auch eine Hoffnung. Auch wenn sie das eigene wertvolle Grab, das eigene teure Öl herausgegeben haben – als bedürften sie ihrer nicht mehr –, wird keine Spur von Osterglauben in ihnen vorhanden gewesen sein.

Warum hat Joseph von Arimathäa so gehandelt? Ich habe keine Erklärung. Aber ein Jude, der des Friedensreichs harrte, ein Angehöriger des Hohen Rats, der Jesus verurteilt hatte, ein Repräsentant des Volkes, dem bis heute Gottesmord nachgesagt wird – er war zugegen, als die anderen sich alle rat- und kopflos aus dem Staub gemacht hatten. Ein Held war er nicht, kein Bekenner, doch auch kein Leisetreter, eher einer, der keine sichere Antwort wusste auf all die Fragen, die vielen Fragen. Fragen zu haben und fragen zu können, war seine Frömmigkeit. Er, der wohl Situierte, lebte in Erwartung, nicht für Erhaltung. Er war nicht einer von den Gläubigen, die das Künftige bereits hinter sich haben. So war er bei und nach der Kreuzigung zur Stelle, ein Suchender, ein Sympathisant, ein Freund.

Dass das Leben Jesu nicht mit einem Amen!, sondern mit einem Warum? endet, veranlasst Albert Camus, den Schriftsteller, der von der Demut des Unglaubens sprechen konnte, sich ganz in seine Nähe zu begeben. Jesus war, so Camus, »das dürfen Sie mir glauben, kein Supermensch. An Heldentum und Heiligkeit finde ich keinen Geschmack. Was mich an ihm interessiert, ist: ein Mensch zu sein. Und darum liebe ich ihn, meinen Freund, der da starb mit einer Frage auf den Lippen.«

Ist Sanftmut weiblich?

Mut ist männlich. Der Mut. Ebenso der Hochmut, der Edelmut, der Übermut oder der Wagemut. Sanftmut dagegen ist weiblich, wie Langmut, Demut oder Anmut. Es heißt der Kleinmut und die Großmut, der Unmut und die Wehmut. Wie es zu dieser Geschlechtsbestimmung kam, weiß ich nicht. Selbst die Grimms mit ihrem dreiunddreißigbändigen Wörterbuch versagen die Auskunft. Wie dem auch sei: Mir will scheinen, dass Mut weder nur weiblich noch nur männlich ist. Er ist beides. Das Wort Mut umfasste einmal Gemüt und Geist. Ratio pur war da noch nicht vorgesehen. Mut bereichert und vermehrt die bloße Denkleistung, ohne sie zu vernachlässigen.

Ich habe eine Vorliebe für das Wort Sanftmut. Was besagt es? Dass Poeten es früher gern verwendeten, nimmt nicht wunder. In der Dichtung der Goethe-Zeit und natürlich in der Romantik erscheint es zuhauf. Es geht beinahe fünfzig Verbindungen ein: sanftselig, sanftverschämt, sanftwehmütig, sanftherzig, sanfteinwiegend etc. Sie haben fast alle einen sentimentalen Beigeschmack. Doch mit Sanftheit, mit Besänftigung ist mehr oder ganz anderes gemeint als Weichheit oder Abwesenheit von Courage. Sanft geht hervor aus samt, es gehört zu sammeln, zusammenfügen, vereinen. Sanftheit bedeutet Gesamtheit. Sie wirkt auf eine zwanglose, aber beharrliche Weise integrativ gegen die mächtigen Potenziale der Spaltung, der Zerstückelung, der Entzweiung.

Sanft-Mut, also sanfter Mut, ist nicht etwa langweilig. Zum Beispiel Albert Schweitzer. Er war anders als das Bild, das man von ihm hat. Es kommt darauf an, seine divergenten Züge richtig zu proportionieren. Er war ein Sanftmütiger mit Wutausbrüchen. Er war ebenso feinfühlig wie robust, ebenso warmherzig wie halsstarrig. Mit seiner angeborenen Kraftfülle war er das Gegenteil eines Gewaltmenschen. Er war ein Stoiker, der zu jähem Aufbrausen neigte. Geduld und Ungeduld haderten in ihm. Die ihn kannten, bemerkten die feminine Komponente seines Wesens. Allein aus der Fähigkeit der Koordinierung seiner widersprüchlichen Begabungen konnte sein großes Schalomwerk erwachsen – womit nicht nur

Lambarene, sondern ebenso der unterschätzte literarische Nachlass gemeint ist. Der Theologe, der Philosoph Schweitzer war in vielerlei Beziehung vor hundert Jahren weiter als wir heute.

Wir beginnen zu entdecken, dass der unsanfte Umgang mit Menschen, Tieren, Pflanzen und Dingen nicht nur hässlich, widerwärtig und abstoßend, sondern unklug, unangemessen und unfruchtbar ist. Es hat eine Suche angefangen nach der »sanften Energie«, nach der »sanften Revolution«, nach der »sanften Geburt«, überdies nach der »sanften Medizin« sowie nach einer »sanften Pädagogik« – denn Erziehung mit Gewalt ist zwangsläufig Erziehung zur Gewalt. Oder gibt es auch eine »sanfte Gewalt«? Sie wäre ein Widerspruch in sich. Sanftmut und Gewalt sind Antipoden.

»Selig sind die Sanftmütigen«, heißt es, sehr schön und eigentlich unentbehrlich, nach Luther. Genauer und pointierter übersetzt, müsste es lauten: »Glücklich die Gewaltlosen.« Ihnen soll das Land gehören. Sie haben Zukunft. Gewalt bedeutet Verwundung, Sanftmut will Gesundung. Gewalt ist Unterdrückung, Vernichtung, Sanftmut dagegen Ermöglichung, Entfaltung von Leben. Sie will, dass es blüht und gedeiht. Wer das vermag, ist ein glücklicher Mensch. Er findet Geben seliger denn Nehmen.

Die Schriftgelehrten aller Jahrhunderte haben die Bergpredigt dem Himmel zugeschrieben, hienieden nicht zu gebrauchen. Zumal die Seligpreisungen. Sie seien ein Vorgriff, eine Utopie, ein Loblied auf liebenswerte, doch einstweilen noch unpraktische Eigenschaften, die Beschreibung einer außerhalb der Geschichte erwarteten Friedenswelt. Doch es fällt immer schwerer, sich den Urheber der Texte, die in der Bergpredigt gesammelt sind, als den reinen homo religiosus vorzustellen. Er war, wie alle Propheten, ein homo politicus, der mit seinem Leben und Sterben einen Entwurf von Frieden auf Erden angeboten hat. Insonderheit die nicht eben zahlreichen Überlieferungen, die als authentisch gelten, sind Bausteine für eine Biografie exemplarischer Gewaltlosigkeit.

Der Rabbi aus Nazareth brachte Verkanntes zu Ansehen. Er überraschte damit, dass er Großes klein, Kleines groß nennen konnte. Er stellte ebenso schlichte wie frappierende Thesen auf: Gott lässt über Gute *und* Böse die Sonne scheinen und über Ungerechte *und* Gerechte den Regen fallen. Das ist, hört man genauer hin, eine folgenschwere Aussage. Sie bringt eine permanente Bezweiflung dessen, was man bisher für unumstößlich hielt, mit sich. Gute und Böse sind untrennbar. Auch ich bin weder nur gut noch nur böse. Beide Möglichkeiten sind in mir vorhanden; beide wollen sich durchsetzen. Wo aber soll ich denn hinkommen, wenn ich nicht einmal des Bösen beziehungsweise meines Feindes gewiss sein kann?

Das Böse, der Feind, das ist etwas, was ich nicht nur bei anderen, sondern vor allem bei und in mir selbst zu suchen habe. Deswegen hat es auch keinen Sinn, den Feind zu vergegenständlichen als etwas, das eliminiert werden muss oder das überhaupt von der Bildfläche verschwinden sollte oder könnte. Der Feind bleibt da, immer und überall. Der Glaube an die Chance seiner Ausrottung ist der Glaube der Zeloten aller Zeiten. Sie sind die heiligen Saubermänner. Wir treffen sie überall, in der Religion zuerst, in der Politik, sogar in Kunst und Wissenschaft. Sie sind womöglich die Weltgefahr Nummer eins. In der Bergpredigt wird ihr Glaube als eine zu Fanatismus gesteigerte Illusion entlarvt. Das ist ein Glaube, der blind macht, verblendet ist. Und mit der verblüffenden Aufforderung zum liebenden Umgang mit Feinden wird der Grund gelegt für eine neuartige, keineswegs zahnlose, keineswegs vernebelnde, sondern für eine energische, kritische und offensive Toleranz.

Eine Tugend des Entgegen- und Zuvorkommens wird empfohlen. Man möge durch Überlegung überlegen werden, ohne dass jemand unterliegen muss. Statt mit einem Rückschlag ist mit einem Vorschlag zu antworten. Gewalt ist ein primitiver Reflex, gegen den ich mich wehren und erziehen kann zu einem buchstäblich entwaffnenden Verhalten, das mich instand setzt, die linke auch noch hinzuhalten, so mir jemand einen Streich gibt auf meine rechte Wange. Solch ein Umdenken ist wahrlich nicht nur privatim von Belang, sondern kann und soll die kleine wie die große Politik verändern.

Statt Gleiches mit Gleichem zu vergelten, ist eine unverhoffte Beziehung zum Gegner einzuleiten und eine Gelegenheit der Überführung auseinander strebender in verbindende Interessen in Aussicht zu stellen. Mit der Infragestellung der eigenen Position, also mit einer offenen Selbstrelativierung wäre eine Entspannung, eine Bescheidenheit zu erzielen, eine Abkehr vom verheerenden Unbedingtheitswahn des Freund-Feind-Denkens. Der andere, der Fremde, ja der Gegner wird sozusagen in die Koalition berufen, in eine Übereinkunft ohne Unterwerfung. Indem man sich gegenseitig schwächt, eröffnet man sich einen dritten, einen gemeinsamen Weg, der jenseits behaupteter Fronten verläuft. Nicht Sicherheit gewährt die Chance zum Frieden, sondern der Mut zur Teilung der Unsicherheit. In der Unfähigkeit, Schwäche einzugestehen und Macht aufzugeben, in dem Mangel an Zutrauen, Verluste hinnehmen zu können, sehe ich ein gravierendes Friedenshindernis. Solange die Wahrnehmung von Schwäche durch Machtsteigerung ausgeglichen wird, befinden wir uns in einer tödlichen Spirale. Wer nicht zu verzichten bereit ist, wird zu vernichten geneigt sein.

Das Erdreich soll den Demütigen, den Sanftmütigen gehören. Es ist ein alter theologischer Gedanke, dass der Schöpfer den Menschen als sein »Ebenbild«, das heißt als seinen Teilhaber, als seinen Mitarbeiter am unabgeschlossenen Schöpfungsprozess vorgesehen hat. Er sollte an seiner andauernden Vervollständigung mitwirken. Der Sinn und das Ziel der Schöpfung heißt »schalom«: Das bedeutet wahres Leben, Frieden unter allen Geschöpfen, Wohlergehen und Gedeihen, Heil- und Gesundsein, Freiheit von Gewalt, Gemeinschaft zwischen Gleichen etc. Der Mensch aber hat die ihm anvertraute Schöpfung einer Schröpfung unterzogen. Aus Verwaltung wurde Vergewaltigung. Die Menschen haben sich zu Machthabern des Universums ernannt. Doch das ungeheure Machterlebnis beginnt umzuschlagen in eine unerwartete Ohnmachtserfahrung. Wir hängen wie der Zauberlehrling an der Decke, und uns fehlt das Wort, das uns wieder auf die Erde kommen lässt. Die Einstellung, mit der die Menschen die Welt der Machbarkeit aller Dinge hergestellt haben, ist den Herausforderungen, die sie nun an sie zurückgibt, nicht mehr gewachsen. Der Siegeszug der Beherrschung der Schöpfung ist in eine Krise geraten, die nicht weniger als ein Ultimatum darstellt.

Des Menschen eigentliche, nämlich seine schöpferische Begabung scheint abzunehmen. Er baut und baut an einer Welt, die ihn umbringt. Er weiß nicht oder will nicht wissen, was ihm gut tut. Der Feind des Menschen ist der Mensch. Er produziert Überfluss und verarmt zugleich in den elementarsten Dingen. Er bezahlt Profit mit Profil. Während er rational plant, kann er im selben Atemzug irrational zerstören. Mit überentwickelten Instrumenten steht er unterentwickelt da. Er wird mit fast allem, nur nicht mit sich fertig. Statt diese moderne Ohnmacht beharrlich zu leugnen, zu verdrängen, zu überspielen, müsste die Einsicht konkret werden, dass es die Demütigen, die Sanftmütigen sind, denen das Erdreich versprochen ist. Weiter als vom Mond sind wir von dieser Zusage entfernt. Aber das besagt: Weiter als vom Mond sind wir von uns selbst entfernt.

Macht ohne Eingeständnis der Ohnmacht ist Hybris, ist versuchte Allmacht. Nur die Anerkennung von Ohnmacht macht Macht ohnmächtig.

Angst vor Aufklärung

Die Vorliebe für die schreibende Zunft – auch schwarze Kunst genannt – stellte sich bereits ein, als mir die Enträtselung der Buchstabenwelt zwar noch unzugänglich war, ich aber beobachten konnte, mit welcher Ernsthaftigkeit sich der Vater schon früh am Morgen dem Studium der Zeitung hingab. Ich setzte mich neben ihn, tat es ihm gleich, nahm einige Blätter zur Hand, bewegte wie er Kopf und Augen bedachtsam von links nach rechts und wollte nichts so dringlich erlernen wie das Lesen. Als später die Entscheidung für einen Beruf anstand, blieb mir jede Qual der Wahl erspart.

Journalismus, wie wir ihn heute kennen, ist etwa dreihundert Jahre alt. Aber zu seiner Blüte gelangte er erst in der Aufklärung, als man sich nicht mehr mit der Meldung von Nachrichten begnügte, sondern um die Bildung von Meinungen bemühte. Der Journalismus ist ein Lieblingskind der Aufklärung. Kluge Köpfe waren an seiner Entstehung beteiligt.

In den Zeitungen und Zeitschriften ab der zweiten Hälfte des 18. Jahrhunderts treffen wir plötzlich eine Gattung, eine Institution, die sich fortan nicht mehr wegdenken lässt: die Kritik, genauerhin die Literaturkritik. Ohne Kritik, befand *der* criticus, Gotthold Ephraim Lessing, also der Journalist, der die Kritik zu einer nationalen Affäre gemacht hat – ohne Kritik kann Literatur nicht gedeihen.

Dabei war ihm bewusster als anderen, dass diese These auf Literatur nicht zu beschränken ist. So hat er denn furchtlos auch ein besonders empfindliches Gebiet aufs Korn genommen: die Theologie. Kein Theologe, aber Kenner und »Liebhaber der Theologie«, wusste er sich frei, »auf kein gewisses System schwören zu müssen. Mich verbindet nichts, eine andere Sprache als die meinige zu reden. Ich bedaure alle ehrlichen Männer, die nicht so glücklich sind, dies von sich sagen zu können.«

Der Geist der Kritik ist unteilbar. Einmal in Gang gekommen, ist kritisches Denken nicht aufzuhalten, ist eine von vielen ersehnte Rückkehr in vorkritische Mentalität ausgeschlossen. Kritik ist Ungehorsam, ist Emanzipation, bedeutet Mündigkeit. Man hat gelernt, den Mund aufzutun. Diktat wird durch Diskurs blamiert. Mit der zur Kunst gesteigerten Fähigkeit zur Kritik fängt die Geschichte des Journalismus erst richtig an.

Kritik heißt: selbst zu denken, also eine Arbeit zu übernehmen, die bisher andere für einen vollbracht haben. Nicht von ungefähr wurde Kritik als »Tod der Könige« bezeichnet – gerühmt auf der einen, beklagt auf der andern Seite. Sie ist auch der Tod von Dogmen und ihren Verwaltungen. Die Devisen der Aufklärung, »Wage zu wissen« (sapere aude) und »Es ist alles in Zweifel zu ziehen« (de omnibus dubitandum est), haben die Welt auf den Kopf gestellt. »Unser Zeitalter«, sagt Kant, »ist das eigentliche Zeitalter der Kritik, der sich alles unterwerfen muss.« Und er meint, was er sagt: alles. Kant weiter: »Weil der Besitz der Gewalt das freie Urtheil der Vernunft unvermeidlich verdirbt«, ist nicht nur nicht zu erwarten, sondern gar nicht zu wünschen, »dass Könige philosophiren« und bestimmen, was wahr ist, was nicht. Die Regenten und die Kritiker haben zwei diametral verschiedene Mandate. Beide sind notwendig.

Oft wird Kritik verwechselt mit der Lust, Defekte aufzuspüren. Sie kann sich dann leicht verfehlen, fast unmerklich, ist nur scheinbar, was sie zu sein vorgibt.

Kritik taugt nur mit Selbstkritik. Wahrheit, der sie gewidmet ist, bezieht, so Bert Brecht, Lessings Nachfahre, den »neuen Vorschlag« ein. Keine Kritik am Vorfindlichen greift tiefer und schmerzt fühlbarer als die vom »neuen Vorschlag« angezettelte. Weil sie auf Verbesserungswürdigkeit setzt, ist sie nicht opportunistisch, aber optimistisch. Sie trägt dazu bei, dass das, was noch nicht ist, werden kann. Das Kommende ist hinter ihr her.

Indem Kritik auf Veränderung, auf Öffnung für Neues zielt, erweist sie sich als eine Methode der Bewahrung des Bewährten. Denn wir bewahren Bewährtes nur, wenn wir darauf achten, dass Bewahrtes sich bewährt. Wenn etwas dasselbe bleiben soll, muss es anders werden. Es ist ein Gesetz des Lebens, das kluge Denker zu allen Zeiten betont haben: Allein in der Variabilität stellt sich Identität ein. Wenn die Vergangenheit verweigert, was die Zukunft verlangt, dann ist nicht – ich zitiere Martin Buber – das »Getane zu tun«, sondern das »Zu-Tuende«.

Kritik prüft, scheidet, sichtet, trennt, wählt, klagt an und ein, be- und verurteilt. Was Wunder, dass dem Journalismus, dessen Funktion Kritik ist, immer schon das Odium des Unbequemen anhaftete. Der Journalist ist ein Störenfried, ein Zwischenrufer, ein

Frondeur. Ihm entspricht die Rolle des Kindes in Andersens Märchen von des Kaisers neuen Kleidern. Es reißt Seiner Majestät nicht das Kostüm vom Leib, nein, es lässt sich nur nicht blenden, stellt fest, was es vor Augen hat, seine Stimme wird Volkesstimme – »das kroch in den Kaiser«, doch der hielt, wie bis heute üblich, die Prozession durch, und die Kammerherren trugen »die Schleppe, die gar nicht da war«. Das Kind wollte nicht Kaiser werden, bloß hörbar sagen, was alle hätten sehen können. Ein Journalist ist einer, der die Macht nicht lieb hat. Deswegen muss er nicht schweigen, nichts verschweigen.

Der Tag, das Tägliche, der Jour ist die Domäne des Journalisten. In diesem Umstand dürfte die Zwiespältigkeit seines Wirkens zu suchen sein. Damit Morgen werden kann, muss Heute vergehen. Was wird, tritt nicht ohne Verlust ein. Dem Abschied von Altem zugunsten von Neuem sind immer auch Schmerz und Trauer beigemengt. Aber ohne die Bereitschaft zur Ablösung bleibt Entwicklung aus.

Der Journalist ist nun einmal neophil, er hat eine Vorliebe für das Neue, das er mit detektivischer Witterung aufspürt. Soll das, was er berichtet, Information heißen, so darf es nicht schon bekannt sein. Information ist Eröffnung einer Neuigkeit – oder keine Information. Ihr Gegenbegriff ist Unkenntnis, ihr Ziel Zugewinn von Kenntnis. Aber was wäre denn das absolut Neue? Knüpft nicht Neues immer auch an Altes an? Wie ist die Beunruhigung, die Verunsicherung zu erklären, welche die Information, also die Kundgabe einer Neuigkeit, wie ein Schatten zu begleiten pflegt? Das Neue: es bewirkt bei einem eine Sucht, beim andern eine Flucht.

Einer talmudischen Geschichte zufolge erscheint, wenn ein Kind geboren wird, ein Engel und berührt dessen Stirn, auf dass es alles Wissen, mit dem es zur Welt kam, vergesse. Das offene Wissen wäre nicht zu ertragen. Doch es bleibt verborgen da. Wäre es anders, man könnte die Menschen nicht ansprechen, nicht erreichen. So gesehen weckt jede Information Momente eines Grundwissens, ohne dessen Vorrat die Fähigkeit zu ihrer Aneignung fehlen würde. Information könnte dann verstanden werden als die jeweilige Auffrischung oder Vermehrung des vom Engel in Vergessenheit gebrachten Wissens und somit als Verminderung unseres Unwissens.

Information erreicht also dunkle Schichten in uns. Sie ist ein Wissen, das auf Unbewusstes trifft. Sie ist Enthüllung, Aufdeckung, Offenbarung. Das Wort Apokalypse bedeutet Entlarvung, Enttarnung. Information ist kein harmloser Vorgang. Auch die Psychoanalyse ist Information. Sie kann, wie die Geburt, mit Wehen verbunden sein. Sie bringt etwas an den Tag, dekuvriert Verstecktes oder Verkanntes, Ungewolltes oder Ungewohntes. Keinesfalls spielt sie sich nur an der Oberfläche ab. Sie beteiligt Tiefen in uns, die kaum je in Rechnung gestellt werden. Sie kann einen Vorhang zerreißen, rücksichtslos ein neues Kapitel aufschlagen, obwohl man am vorigen noch hing, und so einen heftigen Widerstand erzeugen. Ihre Wirkung mag bei jedem Empfänger verschieden sein. Jeder reagiert anders, mit einem unterschiedlichen Vorrat an Voreinstellungen. Sie ist nicht eindeutig oder geradlinig, sondern wird immerzu beeinflusst, umgeleitet, verbogen, überfremdet, gesteigert, ergänzt, verkürzt.

Dem Menschen eignet eine obstinate Neigung zur Verschlossenheit und Verheimlichung. Er schaut blinzelnd in das Licht der Welt und sucht gern Unterschlupf im Halbdunkel, im Dämmerschein, im Mutterschoß. Es ist wohl so, wie Bertrand Russell meint: »Der Mensch fürchtet das Wissen viel mehr als das Nichtwissen.«

Ein Journalist ist ein Wichtigmacher. Das ist sein Beruf. Aber Journalismus war immer auch ein Nährboden für Wichtigtuer. Ein Trend der Bevorzugung, der Begünstigung der geläufigen, der gefälligen, der attraktiven oder sensationellen, eben der verkäuflichen Information ist unverkennbar. Information, von Haus aus im Dienste des Wahren, ist in die Nähe der Ware gerückt. Kommerzialisiertes Denken verleitet die Publizistik ebenso wie die Politik, mit der Mehrheit zu liebäugeln, statt nach der Wahrheit Ausschau zu halten. Publizistik ist ihrer Natur nach ein Medium des Interessanten. Aber sie ist in höchster Gefahr, als ein Instrument von Interessenten missbraucht zu werden. Public relations ersetzen die res publica.

Gewiss, Informationen lassen sich nicht mehr ganz leicht unterschlagen. Mit den Mitteln der Dosierung und der Akzentuierung, der Zu- statt der Mitteilung kann man jedoch ihre Wirkungen fast unmerklich dirigieren. Und mit diesen Mitteln bekommt die geschönte, die schonende, die angenehme, die gern vernommene, die vertraute und rasch verdaute, natürlich Mord und Totschlag einschließende Information einen Vorrang gegenüber der peinlichen, der provozierenden Information, die zu Selbstkritik und Selbstkorrektur, zu Um- und Ausbau unseres Weltbildes, zur Entfaltung eines zukunftsgerechten Denkens einlädt. Unangepasste Information mutet uns die Einsicht zu, dass wir nicht mehr in einer Konsens-, sondern in einer Konfliktwelt leben. Sie verlangt neue Umgangsformen.

Zum Beispiel: Toleranz und Weltbürgertum – das sind zwei Leitgedanken der Aufklärung, die oft verpönt worden sind. Sie stimmen überein mit dem Effekt, der eintritt, wenn Informationen frank und frei ihren Lauf nehmen können. Durch Informationen werden Trennwände porös, und es kann eine Bereitschaft heranreifen, dem andern, dem Fremden, dem anormal Erscheinenden, ja dem Gegner und allem, was sich jenseits der Trennwände abspielt, ein wenig gerecht zu werden, also dem Unverstandenen sein Recht zu geben. Vielleicht ist es die vornehmste journalistische Aufgabe, Informationen so zum Adressaten gelangen zu lassen, dass er beginnen kann, das Andere, das Fremde, das anormal Erscheinende, ja das Gegnerische von dessen eigenen Voraussetzungen her zu verstehen und sogar zu vertreten. Den Zustand, in dem man nicht mehr hört, was der andere einem sagen will, bezeichnet Eugen Rosenstock-Huessy bereits als »Krieg«.

Die Welt, in der wir leben, ist eine Welt unüberbrückbarer Gegensätze. Aus der lichten Vision der

Einen Welt ist, beinah über Nacht, der Anblick einer düsteren Welt ethnischer Fehden, religiöser Anmaßungen und rassischer Borniertheit geworden. Fundamentalisten jeglicher Couleur sorgen weltweit für eine Sorte von Unfrieden, die wir überwunden glaubten. Sie formieren sich zu militanter Rundum-Verteidigung, kämpfen mit geschlossenen Visieren und versagen sich ultimativ gewordenen Umorientierungen.

Die Erde als Wohnstatt der Menschheit zu begreifen ist wohl die wichtigste Bedingung für den Weltfrieden. Aber diesem Gedanken einer organischen Einheit des Menschengeschlechts laufen überall auf der Erde rückfällige Chauvinismen zuwider, die zwar politisch manipuliert und organisiert werden, die jedoch tief eingewurzelt sein müssen in einzelnen Menschen, die nicht bereit oder nicht fähig sind, sich für Neues zu öffnen. Ihre Ängste veranlassen sie, dabei zu sein, wenn allenthalben der Ruf ertönt: »Zieht Grenzen, baut Mauern, vermeidet die Mischung der Rassen oder der Religionen, verteidigt, was geschrieben steht, holt zurück, was euch genommen wurde«. Der Hass wird von denen, die sich an die Spitze derartiger Tendenzen setzen, erfolgreich als Energie genutzt. Kein Gott ist zu schade, ein Kriegsgott zu werden.

Dabei kann unsere zerrissene und stärkstens gefährdete, sich selbst gefährdende Welt nur bestehen, wenn eine neuartige Noblesse unter uns gedeiht, die es uns erlaubt, nicht immer bloß Denunziant, sondern auch Anwalt der Gegenseite zu sein. Kennt man eine erstaunlichere Einladung als das uralte Gebot oder besser Angebot der Feindesliebe? Nächstenliebe mag ja noch angehen – aber Feindesliebe? Sie ist, genau besehen, alles andere als befremdlich, vielmehr nahe liegend und hoch wirksam. Ich lerne nämlich einen Menschen erst kennen, indem ich ihn liebe, das heißt ihm eine Chance gebe, mehr aus sich zu machen. Bei uns hört die Liebe gern auf, wenn man sich näher kennen lernt. Im Hebräischen ist es anders: Erkennen ist lieben, und lieben ist erkennen. Wir müssten in diesem Sinn zur Einübung von Feindesliebe zunächst einmal geneigt sein, sie kennen zu lernen, die andere, die Gegen-Seite. Wir müssten deren Überzeugungen, Traditionen und Motivationen in optimal sachlicher Dokumentation begegnen können und wollen. Ohne Kenntnis kein Verständnis.

Seit der Globus überschaubar geworden ist, sind auch die Einstellungen und Vorstellungen, die Programme und Konzepte, die uns bisher nicht zu betreffen schienen, überall herrschende, ja beherrschende Kräfte und Mächte. Deswegen ist es für uns selber von Belang, was die Menschen rundum auf unserer Erde bewegt. Was nah ist, kann fern sein. Was fern ist, kann, manchmal unversehens, nah rücken. Noch fehlt uns das Bewusstsein von der wechselseitigen Abhängigkeit aller Vorgänge auf dem Erdball und im Kosmos. Und so spielen wir vor dieser enormen Kulisse ein makabres Provinztheater.

Wir bedürfen umfassender, angstfreier und wahrheitsliebender Information. Sie kommt da zustande, wo die Idee gilt, dass der andere, der Fremde, der anormal Erscheinende, sogar der Gegner nicht partout im Unrecht sein muss und dass auch einander ausschließende Positionen komplementär zusammenhängen können. Es ist leichter gesagt als getan: Aber ein Satz, der wahr sein will, schließt bei aller Entschiedenheit, mit der er verfochten wird, den Gegen-Satz ein. Die »ganze« Wahrheit umfasst stets zugleich die »andere«, die vielleicht ungewollte und nicht bereits mit Beschlag belegte Wahrheit. Die andere Wahrheit könnte ja auch eine unterbundene und auf Andere, Fremde, anormal Erscheinende und Gegner abgeschobene, eigene Wahrheit sein. Gerade das, was als Möglichkeit in mir selbst angelegt ist, kann mich zu uneinsichtiger Voreingenommenheit und schroffer Zurückweisung veranlassen.

Allein im Dialog geschieht eine Annäherung an Wahrheit. Das trifft sowohl politisch wie privat zu. Wahrheit ist dramatisch, nicht apodiktisch. Da es oft »ein Stück von mir« ist, das ich – positiv oder negativ – auf andere übertrage, muss der Dialog in mir, mit mir beginnen. Was sein Ergebnis sein wird, weiß ich nicht vorher. Man scheut den Dialog, weil er auf keinen vorweggenommenen Schluss zielt, also neue Tatsachen, neue Wahrheiten an den Tag bringen könnte. Und man bevorzugt die Diskussion, in der man sich durchsetzt, die Argumente des Gegners zerschlägt, also auf Sieg aus ist und dennoch den vorteilhaften Eindruck hinterlässt, man habe immerhin miteinander geredet. Manch eine Diskussion auf der politischen Bühne ist die Fortsetzung alt-römischer Gladiatorenkämpfe mit subtileren Mitteln.

Was wir brauchen, ist die Ablösung der Wahrheitsbehauptung durch die Wahrheitssuche. In dieser Suche entspannen sich die Widersprüche. Das noch nicht Gefundene solidarisiert die Suchenden. Erwartung macht uns reicher als Besitz. In der Erwartung können Menschen, kann die Menschheit sich treffen; Besitz wird sie trennen. Die Methode der Suchenden ist das Gespräch. Keiner der Teilnehmer verfügt bereits über das, was zu entdecken sie sich vorgenommen haben. Das Resultat verdankt sich nicht einem, sondern allen Beteiligten. Nur wenn Wahrheit enteignet wird, ereignet sie sich. Sich auf eine oder auf seine Wahrheit zu berufen, kann niemandem verwehrt werden, wohl aber das Recht oder die Macht, sie, notfalls mit Gewalt, anzuordnen. Wahrheit ist in sich diskursiv, also ohne Diskurs nicht mehr in den Blick zu bekommen. Sie kann empfohlen, niemals befohlen werden.

Im Gespräch wird die Angst vor neuen Tatsachen, vor neuen Wahrheiten verwandelt in das Interesse an ihnen: in Neugierde. Wenn aber hartnäckige Informationssperren die Empfänglichkeit für Wahrheiten, also die Öffnung für Neues einschränken, wenn jemand sich sträubt und zur Wehr setzt gegen Mitteilungen, die er nicht wahrhaben will, so passiert in aller Regel jene Ablehnung, jene Weigerung, die Sigmund Freud »Widerstand« nennt. Im Widerstand lassen die Menschen auch die aus bestem Wissen und Willen an sie herangetragenen Nachrichten nicht zu.

Unter den Faktoren, welche die Freiheit der Information insgeheim gefährden, wird einer zu wenig bedacht: die Angst. Denn der Widerwille gegen einen unbefangenen Umgang mit Informationen und die daraus sich ergebende außerordentliche Anstrengung zur Vorbeugung gegen enttäuschende Eröffnungen sind nur zu durchschauen, wenn in Rechnung gestellt wird, dass Angst im Spiel ist: Angst vor dem Verlassen der Grenzen, innerhalb derer man sich Sicherheit verschafft hat und außerhalb derer man sich verlassen fühlt. In solcher Angst ist man nicht offen und kann nicht hoffen. Man reagiert auf Wissensdurst mit Wissensfurcht. Man nimmt eine Igelstellung ein. Man verteidigt seinen Stand-Punkt, verweigert den Lern-Schritt. Man wird rechthaberisch, besserwisserisch, unbelehrbar, unbekehrbar und schließlich fanatisch. Die innere Labilität steigert das Bedürfnis nach äußerer Stabilität. Der Ruf nach Stärke wird laut.

In der Aggression des Fanatikers erkennen wir eine »Folge seiner Schwäche, seiner Angst, die eigene Grenze zu überschreiten, und seiner Unfähigkeit, das, was er in sich selbst unterdrückt hat, in anderen verwirklicht zu sehen« (Paul Tillich). Der Fanatiker will die Grenze, die er nicht bewältigen kann, auslöschen, indem er das Andere, das Fremde, das Bedrohliche hinter der Grenze vernichtet, tilgt. Fanatismus gibt keine Ruhe bis zur Endlösung. Und er ist mitten unter uns. Tillich hat diejenige »soziale Klasse in allen

Industrievölkern« beschrieben, die auffällig durch diese Angststruktur gekennzeichnet ist: das ist die »untere Mittelklasse, das Kleinbürgertum oder – in einem soziologisch umfassenderen Symbol: der Spießer«. Der Spießer – welcher Klasse oder Schicht, welchem Stand oder Beruf auch immer er angehört – kann geradezu charakterisiert werden als jemand, der sich durch die Angst, an seine Grenze zu geraten und sich selber im Spiegel des Andersartigen zu erblicken, nie über das Gewohnte, das Anerkannte, das Festgelegte zu erheben wagte.

»Möglichkeiten«, so Tillich, »die jedem Menschen dann und wann gegeben sind, über sich hinauszukommen, ließ der Spießer unverwirklicht: ob es ein Mensch war, der ihn aus seiner Enge hätte herausreißen können, oder ein ungewohntes Werk der Kunst, das ihn hätte erschüttern können, oder ein Wort aus der Dimension des Ewigen, das ihm die Selbstsicherheit seines Denkens hätte umwerfen können. Um sich herum aber sieht er Menschen, die über die Grenze gegangen sind, die er nicht überschreiten konnte. Und der heimliche Neid wird zum Hass.«

Hass macht blind. Informationen dagegen, die Blicke über Grenzen freigeben, fordern zum Exodus aus der Enge auf. Enge und Angst sind ein Wort. Die

Ermunterung, die Befähigung zu Toleranz und Weltbürgertum war und ist Beweggrund des Journalismus, der aus der Aufklärung stammt und dessen eigentlicher Widerpart vielleicht nicht einmal primär die Mächtigen, sondern die Spießer – die Spießer in uns allen und, am schlimmsten, die Spießer in den Mächtigen und in denen, die allüberall die Mächtigen zu sein begehren – waren und sind. »Ein Spießer«, formuliert Sören Kierkegaard, »ist der, der zu relativen Dingen ein absolutes Verhältnis hat.«

Der Antrieb des Journalismus ist seit eh und je eine unersättliche Neu-Gierde, ein Spürsinn für jede nicht schon registrierte Wirklichkeit, eine Lust des Kennenlernens. Die Welt »ist« nicht, sondern sie »wird«, tagtäglich. Total ist sie von keinem Platz aus überschaubar. Nicht einmal die Summe der Informationen reicht aus, um sie zu erfassen. Sie, die Informationen, bringen nur Bruchstücke der Welt zueinander. Der französische Ausdruck für Aufklärung ist »les lumières«: also die Lichter, nicht das Licht. Sie können nicht das Ganze erhellen; aber jede der Flammen sorgt dort, wo sie brennt, für eine kleine Illumination, für etwas mehr Helligkeit – wider die Verblendung.

Leben ist eine Kette von Trennungen

Am Anfang war die Trennung. Indem er die Welt schuf, sonderte der Schöpfer sie von sich und sich von ihr ab. Sie wurde sein Gegenüber. Und dann schied er, nach der biblischen Erzählung, Nacht vom Tag, Land vom Wasser, Erde vom Himmel, Eva von Adam. Alles, was wirklich ist, ist getrennt. Aber Getrenntes sucht sich. Die Einheit wird durch Trennung erst wünschbar – wie die Gesundheit durch Krankheit.

Die Möglichkeit der Trennung hat mich schon als Kind beunruhigt, geängstigt. Ich habe mich gegen sie gesträubt. Vergeblich. An dieser Empfindlichkeit mag der frühe Tod des Vaters Schuld sein. Er hat mich schmerzlich gelehrt, dass Trennung eine oder die Grundwahrnehmung des Menschen ist. Trennung erinnert an Tod. Sie ist ein Schritt ins Ungewisse, ins Unbehütete. Leben ist eine Summe von Trennungen, gewollten oder ungewollten, verschuldeten oder erzwungenen, heilsamen oder tragischen. Leben ist ein immer währendes Abschiednehmen: von Menschen, von Orten, von Zeiten, von sich selbst – denn wir haben hier keine bleibende Statt. Jeder Bruchteil einer Sekunde trennt. Was war, ist im nächsten Moment unwiederbringlich. Diese Erfahrung nimmt zu, wenn man älter wird. Solange wir Abschied nehmen, gehören wir auf die Seite des Lebens. Nur das, wovon wir getrennt werden können, können wir auch lieben: Sterbliches. Blumen, die nicht welken, Menschen mit einem Garantieschein auf Unzerbrechlichkeit kann ich nicht lieben. Liebe ist Leben, auf Lebendiges bezogen, also instabil. Ihre Krise, ihr Höhe- sowie ihr Tiefpunkt, ist der Augenblick der Trennung. Der Schwur einer ewigen Liebe ist ein Widerspruch in sich. Zeitlosigkeit ist ihr Tod.

Trennungen können Teile von uns mitnehmen, können Amputationen sein, Verstümmelungen, von denen wir uns schwer oder gar nicht erholen. Das gilt zumal für die Trennung von einem geliebten Menschen. Was sie in uns anrichtet, wird kaum durchschaut. Sie beeinträchtigt unser Wohlbefinden möglicherweise lebensgefährlich, hinterlässt Defekte, eine Verstörtheit, die wir nicht erklären können, und spukt in uns wie eine schattenhafte Krankheit, der wir Namen geben wie Herzeleid, Kummer, Gram, Heimweh, Jammer, Trübsal oder Wehmut, lauter ungenaue und überdies altmodische Begriffe, mit denen man früher durchaus viel auszusagen wusste, die man aber heute besser für sich behält, um nicht den Verdacht der Seltsamkeit auf sich zu ziehen. Dabei kennt ihren Gehalt jeder.

Trennungen sind notwendig. Sie haben ordnende, klärende, auch hegende Bedeutung. Eine Mauer um uns baue – so lautet eine alte Bitte. Die Mauer hat die Funktion der Grenze, des Schutzes. Sie gewährt Recht auf eigenen Lebensraum. Es steht mir zu, eine Tür hinter mir zu schließen. Oder sie zu öffnen. Trennungen sind eben auch Öffnungen, Ent-Bindungen, Ablösungen, Aufbrüche, Unabhängigkeitserklärungen, Befreiungen von etwas, das mich gefangen nehmen will, aber nicht darf. »Stillstehn ist Zurückgehn« – dieser Sinnspruch des Cherubinischen Wandersmanns besagt, dass es mir nur im Fort-Schritt gelingt, zu bleiben, der ich bin, oder besser: zu werden, der ich sein sollte. Existenz meint: aus sich heraustreten, Leben entstehen lassen, unterwegs sein. Es ist uns aufgegeben, immerzu etwas aufzugeben. Sich von nichts trennen zu können, auch vom Eigensten nicht, ist ein Unvermögen, wirklich zu leben.

Aber auch die notwendigen, die produktiven Trennungen pflegen mit Verlust und Gefahr, mit Leid und Trauer, mit Irritation oder Verzweiflung verwoben zu sein. Du wirst Vater und Mutter verlassen – das heißt: Dir wird Verlassenheit zugemutet. Du musst in die Ferne, in die Fremde, musst Heimat entbehren und Elend (das ist Aus-Land) kennen lernen. Sonst wirst du nicht erwachsen und bist nicht kindlich, sondern kindisch. In diesen Bildern erkennt jeder Mensch bestimmte Momente seiner Lebensgeschichte. Und jeder dürfte sich erinnern an die vielfältigen Anstrengungen, diese Daseinsgesetze abzuwehren, zu entschärfen, zu hintergehen, zu ignorieren. Denn dass Scheiden nicht nur weh-, sondern nottut, ist leicht gesagt, aber häufig kaum auszuhalten.

Trennung ist beides: Sie ist destruktiv, verhängnisvoll, ein oft unfaires Schicksal, gegen das wir aufbegehren oder unter das wir uns beugen. Und sie ist konstruktiv, eine Lebensregel, ein kreatorisches Prinzip, eine Bedingung für Wachstum, Entfaltung und Reife. Durch Trennung wird uns etwas genommen und etwas gegeben. Wenn wir durch Trennungen nicht auf der Strecke bleiben, können sie uns weiterbringen: »Traurigfroh, wie das Herz«, heißt es bei Hölderlin.

Unsere Lebenszeit beginnt und endet mit einer Trennung. In all den vielen Trennungen, den großen wie den kleinen, den schöpferischen wie den zerstörerischen, die sich zwischen Geburt und Tod ereignen, wird die erste, die Trennung vom Mutterleib, wiederholt und die letzte, die endgültige Trennung vorweggenommen. Jede Trennung offenbart die Verletzlichkeit, die Schutzlosigkeit, die Vergänglichkeit des Lebendigen. Nichts, keine noch so selige Erfahrung, festhalten zu können, quittiert uns eine lähmende Ohnmacht, nämlich unsere unentrinnbare Zeitverfallenheit, mit der einverstanden zu sein wohl eine Tugend heißen mag, aber letztlich eine Überforderung ist. So verursachen Trennungen regressive Sehnsüchte: den Wunsch nach Rückkehr in das Einssein, in die sorglose Symbiose, in die vollkommene Geborgenheit. Und sie erzeugen depressive Ängste: eine Ahnung des Alleinseins, der Beziehungslosigkeit.

Gegen die vereinzelnde, isolierende Wirkung von Trennungen fällt dem Menschen eine Fähigkeit, eine Kraft zu, die Harmonie, Zusammenfügung, Verbindung intendiert: die Liebe. Sie will das Einssein, die Innigkeit realisieren, ohne sie der Zeit entreißen zu können. Sie vereinigt Getrenntes, ohne es zu vereigentlichen. »In der Liebe«, so Erich Fromm,

»kommt es zu dem Paradoxon, dass zwei Menschen eins werden und doch zwei bleiben.« Genau dies hat Marc Chagall mit seinen Bildern hundertfach veranschaulicht. Seine Biografie ist die Beschreibung einer Abfolge von Trennungen. Das gemeinsame Leben von Bella und Marc indessen ist ein einziger Hochzeitsflug, eine Himmelfahrt. Was das Paar trennen will, lässt es unter sich. Die beiden entschweben der Wirklichkeit, die aus Trennungen besteht. Bis Bella stirbt. Marc malt dann manchmal nur eine Braut, als gäbe es ihn nicht mehr. Er fehlt nun für eine Weile auf seinen Bildern, nicht sie. Allein schien er nicht existent zu sein.

Doch es ist nicht gut, dass der Mensch allein sei. Er ist als Mitmensch geschaffen. Adam war ohne Eva ohne Sprache, ohne Mitteilung. Sein Menschsein war ohne Spannung. Es konnte sich nicht erweitern, nicht ausdehnen. Die Teilung des androgynen Adam in Frau und Mann ist die Geburt der Liebe.

Liebend überwindet der Mensch sein tiefes Gefühl der Abgetrenntheit, der Einsamkeit, der Entfremdung von sich selbst. Lieben zu können ist noch mehr Erfüllung, als geliebt zu werden. Ich kann plötzlich Ich sagen, weil ich Du sagen kann. Der Verlust der in der Liebe gewonnenen Identität ist ein Schock. Er wird in der Psychologie als Ich-Katastrophe eingestuft. Mit einfacheren Worten: Von allen Trennungen ist gewiss diejenige die empfindlichste, die widersinnigste, die traurigste, die das entzweit, was Liebe – wie ein uneinlösbares Versprechen – geeint hatte; sie führt in die unmittelbare Nähe des Todes. Sie ist herzzerreißend. Trauer nimmt den Platz ein, welcher der Liebe zugedacht war.

Noch einmal: Leben ist eine Summe von Trennungen. Sie schlagen Wunden. Vor allem da, wo es am intensivsten ist, wo geboren, geliebt, gestorben wird, ist der Schmerz, dieser Gevatter der Trennung, nicht fern. Die Neigung, sich Trennungsschmerz zu ersparen und so etwas wie geduldige Trennungsarbeit zu meiden, ist nur zu begreiflich. Aber wer ein Leben ohne Schmerz sucht, wird kein Leben der Fülle finden. Wer aus Angst vor Trennung nur besitzen und bewahren will oder zu lieben nicht riskiert, lernt weder sich noch andere kennen. Er verlässt das Leben, ohne gelebt zu haben.

Vaters heller Schatten

Mein Vater, ein Hamburger, wie ich denn auch, bummelte über die Mönckebergstraße, ein Mann schrie aus Leibeskräften: »Heiße Würstchen!« Mein Vater trat auf ihn zu, zog seinen Hut und stellte sich vor: »Heiße Anton.«

Mein Vater ging am Stock. Der Erste Weltkrieg hatte ihn eine halbe Lunge gekostet. Eigentlich war er Architekt. Die Inflation beraubte ihn wiederum: diesmal aller Chancen in seinem Beruf. Er wurde, lust-, aber nicht erfolglos, Kaufmann, in der angesehenen Firma seines Schwiegervaters, deren Chef er später wurde. Kam er abends, nach langem Geschäftstag, heim, wartete ich vor der Haustür auf ihn, zusammen mit Magda, der Magd. Ihr Dienstanzug bestand aus einem schwarzen Kleid, einer weißen Schürze und einer Stirnhaube, von der sie sich bei Tag nie trennte. Ich, zwei- oder dreijährig, rannte dem Vater entgegen. Eine Passantin sagte gerührt zu ihm: »Der Opa ist doch immer der beste.« Er, verdrossen: »Sehe ich so alt aus?« Die Frau entschuldigte sich bei Magda: »Ich wollte Ihren Gatten nicht beleidigen.«

Ich weiß viel von ihm, sehr viel. Vorwiegend Amüsantes. Ich könnte Geschichten erzählen. Doch was wie Erinnerung erscheint, ist Überlieferung, Ikone, Legende. Wenn ich guter Dinge bin, fallen mir sogar Ergänzungen ein. Ich könnte ein Buch über ihn schreiben. Ich stelle mir vor (oder war es so?): Ich besteige einen Baum in unserem Garten, einen mächtigen Walnussbaum, bis hoch in den Gipfel und weiß nicht zurück – Magda würde mir in meiner Not zurufen, Vater kommt bald. Ähnliches ist oft passiert. Ich wäre einmal fast ertrunken, und ich habe nach ihm, der längst tot war, gerufen. Viel später dann: Was sollte ich studieren? Wie er: Architektur? O Gott. Ich suchte seinen Rat, vielleicht sogar seine Anweisung. So ging es weiter. Er hat mir gefehlt, so habe ich ihn erfunden. Wer keinen Vater hat, hat viele.

In meinen Bildern habe ich jedoch einen Tag zuverlässig vor Augen: den 23. Dezember 1933. Ich sehe den ungeschmückten Weihnachtsbaum. Er steht ohne Erwartung da, möchte dahin zurück, von wo er geholt wurde. Doktor Heine, unser Hausarzt und -freund, kommt. Mein Vater sagt, meine Beine werden schon kalt. Ich bringe ihm die Decke. Und dann müssen wir, mein Bruder und ich, aus dem Haus.

An der Beerdigung durften wir bestimmt nicht teilnehmen. Jedenfalls bleibt meine Erinnerung die Auskunft schuldig. Meine Gedanken waren aufgebracht wie ein brodelnder Fluss. Sie galten weniger dem Vater als meiner Mutter. Auf ihn war ich, das bekunden Berichte und Fotos, immer eifersüchtig gewesen. Er hatte ihr, so scheint mir, das »große Mutterrecht« überlassen, um selbst eine zwar respektgebietende, aber letztlich auch furchterregende Rolle spielen zu können. So hatte ich mich, wenn ich mich tagsüber vergangen hatte, nach Magdas allabendlichem Rapport auf eine Strafe nach Wahl einzustellen: Stock oder Lebertran. Ich entschied mich für die indirekte Gewalt. Aber Lebertran bewirkt keinen Erinnerungsverlust. Mir bleibt das Gefühl, ein Vorwurf, als Kind manchmal Straftaten begangen zu haben. Wird in meiner Nähe ein Schuldiger gesucht, bin ich geneigt, den Finger zu heben.

Trügt das Gedächtnis? Der Tod des Vaters hat den Fünfjährigen nicht auf der Stelle erschüttert. Meine Trauer war die Teilnahme an der Trauer meiner Mutter, meines Mütterleins. Ihr, nicht mein Verlust hat mich bekümmert. Aber tief in mir hat sich eine beunruhigende Erfahrung eingenistet: die Möglichkeit des Verlassen-, des Alleingelassenseins. Sie hat mich geängstigt, zum Dünnhäuter gemacht. So ein plötzlicher Abbruch einer elementaren Verbindung ist Erfahrung von Tod inmitten von Leben. Media in vita in morte sumus, dieses Lied ist vor sechshundert Jahren entstanden. Was der Text aussagt, wussten alle Menschen immer schon. Der Tod des Vaters hat mich in die Bewandtnisse des Lebens eingeführt.

Meines Vaters Mutter, Sophie, war das Inbild einer liebenden und geliebten Großmutter. Sie mochte, natürlich, alle Enkel, aber mich, so bilde ich mir ein, nein: so sagte man, insonderheit. Sie erlitt einen schweren Schlaganfall, als sie mir zu meinem zwölften oder dreizehnten Geburtstag einen herbstlichen Blumenstrauß in ihrem einmaligen Paradiesgarten pflückte. Ihr Gesicht, ihr Duft, ihre mir über den Kopf fahrende Hand sind nicht zu vergessen. Ihr Garten erlosch ohne sie. Ich bin oft zu ihm gegangen und habe mir gedacht: Pflegen wir die Pflanzen unserer Gärten, danken sie uns mit ihrer Existenz. Wenden wir uns von ihnen ab oder vergessen wir sie, begehren sie nicht auf, sondern kommen einfach nicht mehr wieder. Ähnlich ist es mit der Erinnerung an unsere Toten.

Meines Vaters Vater, ich habe ihn nicht gekannt, war Mathematiker, hatte kein Glück in einer akademischen Laufbahn, wurde verdrossener Amtmann in einer Zollbehörde und führte zu Hause ein rigoroses Regiment. Er war streng mit seiner Frau, sanft zu den drei Töchtern, weckte aber seine beiden Söhne nachts aus dem Tiefschlaf mit einer Logarithmentafel in der Hand. Sie sollten werden, was ihm verweigert war. Meines Vaters Bruder, ein hochtalentierter Physiker, starb wenige Wochen vor meinem Vater. Beide waren mit einer Lungentuberkulose aus dem Krieg zurückgekehrt. Meines Vaters Schwager, der Mann der Schwester meiner Mutter, wurde bald danach beerdigt. Mein Bruder und ich, meine Cousins und Cousinen und etliche Freunde in vergleichbaren Situationen wuchsen vaterlos auf.

Es war der erste Weihnachtstag. Oder der zweite. Der Vater war noch nicht in der Erde. Ich schenkte meiner Mutter eine Kaffeetasse Sylter Modell und ein Nähkissen. Kaffee ja, das war ihr Elixier bis zuletzt. Aber Nähzeug? Nie habe ich es in ihren Händen gesehen. Vielleicht wollte ich – gerade fünf Jahre alt – ihr petit mari sein?

Der Vater war nach seinem Tod nicht einfach fort. Er blieb da. Zumal an Weihnachten klopfte er an die Tür. Bis heute. Als wollte er sagen: »Gebt Acht, wo gestorben wird, kommt Leben, und Tod und Geburt sind miteinander verwandt.« Weihnachten kann ich nicht ohne Tränen erleben. Was dem Fünfjährigen im Innersten widerfuhr, ist nicht zu löschen.

Nie wieder Krieg. Das war für meinen Vater mehr als eine Parole. Es war sein inständiger Wunsch, seine übergroße Hoffnung, zugleich sein politischer Pro-Test, wenn man so will: sein weltlicher Glaube. Für mich sein Testament. Zu meiner Mutter hatte mein Vater vor seinem Tod gesagt: »Fast alle reden von der Roten, andere von der Gelben Gefahr« – denn China galt als der Erzfeind Europas –, »nein, die Farbe ist braun. Geht denen, die sie tragen, aus dem Weg.« Tatsächlich hat meine Mutter mich so angeleitet. Ich verschwand, wenn sich die martialischen Knobelbecher und die dröhnenden Stimmen der Kolonnen der SA auf den Straßen näherten, in Treppenhäusern oder Hinterhöfen, um nicht den Arm heben zu müssen. Das war so schwer nicht, wie viele heute glauben machen wollen. Ich habe – als Kind, als junger Mann – natürlich keine Haltung eingenommen, die Résistance zu heißen verdiente; aber ich hatte Eltern, die mich, ohne mein Zutun, zu Abneigung und Verachtung angehalten haben gegen jede Spielart von Untertanengeist. Sie haben mir vorgeführt, dass es so etwas wie eine Freiheit zum Ungehorsam, ja zur Befehlsverweigerung gibt. Ich verdanke ihnen, neben vielem, eine unbedingte Infragestellung der Gewalt, einen fundamentalen Argwohn gegen Macht, sogar gegen die Macht des Faktischen. Was wäre Schöneres über Vater und Mutter zu berichten als dies: Sie haben dazu beigetragen, dass ich ein Zivilist wurde, durch und durch. Sie waren biophil. Sie wollten Zukunft. Nicht der Krieg allein, sondern alles, was zum Krieg führte, erregte ihren Widerwillen, ihren Widerstand.

Ein Credo gab es nicht im liberal hanseatischen Elternhaus. Doch da war eine Grundeinstellung. Ein Charakter. Eine Würde. Eine Unbestechlichkeit. Ein aufrechter Gang. Und ich gebe zu: eine Spur Überheblichkeit. Doch keiner der üblichen Begriffe genügt. Bescheiden wir uns mit dem Wort, das nicht übermäßig ambitioniert erscheint: Zivilcourage. Nicht als ausgestelltes Vorbild, indes als selbstverständliches Exempel. Diese Devise war für mich auf jedem Weg einfach vorhanden, kein Kruzifix, nur ein namenloser professor moralium. Man konnte an ihm vorbeigehen; aber ich würde mich vermutlich bald nach ihm umschauen und fragen, ob ich etwas versäumt habe. Ich werde mich bis an mein Lebensende genieren, wenn ich – im Kleinen wie im Großen – Erweise fälliger Zivilcourage wieder und immer wieder schuldig geblieben bin.

Mein Vater hat es nicht einmal zum Gefreiten gebracht. Uniformen waren ihm zuwider. Einsteins Bemerkung hätte ihm Spaß gemacht: »Wenn einer mit Vergnügen in Reih und Glied zu einer Musik marschieren kann, so ist er eine Ausgeburt des Herdenwesens; er hat sein großes Hirn nur aus einem Irrtum bekommen, da für ihn das Rückenmark schon völlig genügt hätte.« Ein Foto, das meinen Vater als Soldat zeigte, ließ er von meiner Mutter zerreißen, obwohl (oder weil?) es ihr gefiel. Er blieb, obwohl Abiturienten eine rasche militärische Laufbahn zustand, Rekrut. Und war stolz darauf. Er hat jeden Aufstieg mut-willig verhindert. Mut ist nicht einfach angeboren. Er bedarf eines Willens. Das Leben sei eine Mutprobe, habe mein Vater oft gesagt.

Er, ein Mann guter Sitten, Gentleman durchaus, hätte die poetischeren Varianten des Wortes Mut zuvorkommend meiner Mutter eingeräumt. Seine Gedankenwelt war maskulin. In ihr entstand zwar die entschiedene Diskriminierung des Krieges; aber

»Nie wieder Krieg!« gewährleistet noch keine »Gedanken des Friedens«. Dem Umdenken muss ein Umfühlen entsprechen, sagt Christa Wolf. Nur in der Interdependenz von weiblichem und männlichem Wesen kann Friede sich anbahnen. Diese Einsicht, der wir uns nicht mehr entziehen dürfen und die beide, Frauen wie Männer, heute auf eine Probe stellt, war meinem Vater wohl fremd. Wäre sie auch mir fremd, wenn er viel länger gelebt hätte?

Es kann aus Verlusten Sinn wachsen. Aber das ist kein Mechanismus. Meine Mutter musste Anteile des Vaters übernehmen. Sie musste über Nacht die Firma führen, wurde freilich keine Patriarchin, sondern die gern gesehene Erste unter Gleichen. Das Hitlerland war – in geschäftlicher wie in privater Hinsicht – ein vermintes Feld. Meine Mutter hat es klug, auch schlau, aber ohne Anpassung durchschritten. Kompromisse hätte meine konziliante Mutter in dieser Zeit für kompromittierend gehalten. Als die Hölle los war, wusste sie, was zu tun, was zu lassen war. Sie erzog, neben der Leitung des kleinen Unternehmens, zwei Söhne, mit viel Ja und gelegentlichem strengen Nein. Sie trug Hosenkostüme und Krawatten, ihre Stimme wurde tiefer. Zumindest am Telefon. Aber für uns war sie jederzeit und ganz und gar präsent.

Meine Mutter gefährdete sich und sogar uns durch jüdische Freundschaften. Eines Morgens, im Sommer 1944, flüsterte sie mir zu: »Oben auf der Bühne findest du Herrn Bloch.« Er war Theresienstadt wundersam entkommen und hatte uns, mit unerklärlichem Instinkt, aufgespürt. Er war vor seiner Deportation unser Hausmeister gewesen, ein ehedem renommierter Bankier. Er hatte mich, das Kind, den Jugendlichen, in die Welt des Buches, der Bücher eingeführt. Seine Frau und er mussten auf kleinstem Raum leben; aber es stapelten sich die Folianten allen Alters und aller Gattungen. Meine Mutter: »Fühlen Sie sich nicht beengt?« Die Antwort: »Im Gegenteil.« Lesen ist grenzenlose Horizonterweiterung. Dann verschwanden die Blochs. Wir mussten sie aufgeben. Und nun, nach Jahren, brachte ich ihm lautlos zu essen und zu trinken. Seine Hand berührte meine Wangen, wortlos. Einen Juden zu verstecken, war mehr als riskant. Das Haus, in dem wir jetzt wohnten, war gegen Kriegsende besetzt mit Menschen, für die eine Denunziation Ehrensache gewesen wäre. Eines Morgens war Herr Bloch nicht mehr da. Später überschüttete er uns aus Amerika. Geschichten dieser Art hätte ich viele zu erzählen. Sie sind eine Tränke meines Lebens, bis heute. Unter meinen

Freunden, auch unter meinen zahlreichen »Vätern«, befanden sich zu jeder Zeit Juden, vor allem Vertreter der humanistischen Linie der hebräischen Tradition, gelehrte und ungelehrte. Sie haben mich geprägt. Biografien entstehen nicht aus sich selbst heraus, sondern durch Begegnungen.

Als das Kriegsende abzusehen war, hat ein meiner Mutter vertrauter Arzt mir die Desertion in das Krankenbett ermöglicht: Ein medizinischer Eingriff zuungunsten meiner Gesundheit hat dafür gesorgt, dass mir die Einberufung in den Volkssturm, in die letzte Todesabordnung des Dritten Reiches, der einige meiner altersgleichen Freunde zum Opfer fielen, erspart blieb. Es fällt mir, in Erinnerung an die toten Freunde, sie waren wie ich kaum sechzehn Jahre alt, nicht leicht, deswegen froh zu sein. Aber der Lebenswille meiner Mutter entschied nach anderen Maßgaben, als das »heilig Vaterland« sie vorschrieb. Den Patriotismus, der abertausend Todesopfer kühl rechnend in seine Zielsetzung einbezieht, hat sie von Herzen verwünscht. Sie fühlte sich Käthe Kollwitz nah. –

Dass Vaterwerden leicht sei – diesem Bonmot Erich Kästners wird bis ans Ende aller Tage niemand widersprechen können. Dass dagegen Vatersein vergleichsweise schwer ist, hängt womöglich mit

Gewichtungen zusammen, die mehr als viertausend Jahre alt sind. Wir leben immer noch in patrizentrischen Vorstellungen und Strukturen: angefangen bei Haus und Hof (pater familias) über die Politik (Vater Staat) bis hin zur Religion (Heiliger Vater und Gott Vater). Diese Hierarchie ist zwar immanent noch mächtig vorhanden; aber sie trägt nicht mehr wirklich. Sie ist ohne Autorität, also allenfalls autoritär. Der Vater wird sich künftig kaum noch als Repräsentant einer höheren Seinsordnung begreifen können. Nicht als Pater, sondern als Partner ist er gefragt.

Mehr als siebzig Jahre liegen zwischen meines Vaters Tod und mir heute. Ich danke ihm, dass er gegen Hitler gefeit war, dass er mich mit seiner tiefen Antipathie infiziert hat und dass er – wäre er am Leben geblieben – ein Anhänger oder Mitläufer des damaligen Ungeistes wohl kaum hätte werden können.

Den natürlichen Tod hat mein Vater kaum kennen gelernt, weil der unnatürliche, der durch Menschen verursachte, in seinem kurzen Leben überwog und seine Jahre bestimmte. Von »Freund« Hain zu reden, wäre ihm nicht in den Sinn gekommen. Mein Vater war, meine ich sagen zu dürfen, ein Tod-Feind, einer, der dem Leben zugetan war. Dem Sterben seit dem

Erlebnis des Krieges furchtbar nahe, erklärte er dem Leben seine Liebe. So hat meine Mutter ihn mir übermittelt.

Dieser Entschwundene ist mir nie ganz abhanden gekommen. Absentia heißt Abwesenheit, Mangel; absconditus bedeutet verborgen, hintersinnig. Der fehlende Vater blieb versteckt da, war nicht zu sehen und zu hören, tauchte aber hier und da aus einem Hinterhalt auf, machte sich verkleidet bemerkbar. Vielleicht gibt es das gar nicht: einen toten Vater.

Ist die Liebe mein, ist der Schmerz mein

Sie hat sich immer Briefe gewünscht. Hunderte, nein Tausende habe ich ihr geschrieben, schon bei der geringsten Entfernung. Nicht selten tragen zwei oder drei dasselbe Datum. Als Renate im Krankenhaus lag und ich jeden Tag bei ihr war, hat sie dennoch zusätzlich Post von mir bekommen. Das freute sie und gab mir Gelegenheit, manches, was ich ihr gern noch sagen wollte, behutsamer oder deutlicher auszudrücken, als ich es unmittelbar hätte über die Lippen bringen können. Mein letzter Brief traf wenige Augenblicke nach ihrem Tod im Hospital ein. Er lag verschlossen neben ihr. Ein Brief, ein Liebesbrief, ungeöffnet, ungelesen – das ist ein trauriges Symbol. Er beglaubigt in diesem Fall den unwiderruflichen Abbruch einer Zwiesprache, die nicht fertig ist, die, im Gegenteil, nach Fortführung ruft, die jedoch in demjenigen erstickt, der zurückgelassen worden ist.

Dies Erlebnis, das Du, dem ich unbedingt noch etwas, vielleicht das Entscheidende, anvertrauen, erklären oder eröffnen möchte, keinesfalls mehr erreichen zu können, tut unsagbar weh. Auch noch nach Jahrzehnten.

Wenn der Mensch, auf den man ganz und gar eingestellt und ausgerichtet war, plötzlich nicht mehr da ist, gehen alle Impulse, die ihm galten, mit einem Mal ins Nichts. Gefühle über Gefühle, Gedanken über Gedanken, Berührungswünsche machen sich auf den Weg – und bleiben in der Sackgasse stecken. Man ist voller Regungen, die hinausdrängen, aber zurückfließen und einen Stau bilden. Diese vergebliche Mobilisierung, diese Zuwendung zu einem nicht mehr vorhandenen Visavis, diese unerfüllbare Sehnsucht bewirkt einen ermüdenden Wechsel zwischen Anlauf und Rückprall, zwischen Aufgebot und Enttäuschung. In den Augen Außenstehender verhalten sich Trauernde merkwürdig widersprüchlich: Sie neigen einerseits zur Apathie, andrerseits zur Nervosität. Ihrer Interesselosigkeit und Entkräftung korrespondiert oft eine hektische Unruhe. Sie erwecken den Eindruck, auf der Flucht zu sein. In Wirklichkeit sind sie auf der Suche. Sie können insgeheim die Realität des Abschieds nicht anerkennen, sie lehnen sich auf gegen die Beraubung oder Vernichtung eines Teils ihrer Existenz und versteigen sich sogar zu der Hoffnung, nicht ihr Wunsch, die Tote oder den Toten unversehens irgendwo zu finden, sondern der Tod möchte eine Illusion gewesen sein. In seiner Verstörtheit verfolgt der Trauernde das ebenso beharrlich wie aussichtslos angestrebte Ziel der Rückgewinnung, der Wieder-Holung des Verlorenen.

Als Elsa Antonia von Stritzky, Ernst Blochs geliebte erste Frau, starb, erlosch in ihm jegliche Schaffenskraft. Er fürchtete, nie wieder schreiben zu können. Er widmete ihr später im »immer währenden Gedenken« die zweite Auflage vom »Geist der Utopie«. Für Bloch, den Philosophen einer im Hiesigen sich auskennenden und nur im Hiesigen zu verwirklichenden Hoffnung, war lange Zeit die Vorstellung ein Trost, Elsa Antonia werde ihm, wenn es so weit sei, da oben entgegenkommen, ihn abholen.

Die Tabus, die das Sterben umgeben und umweben, werden nachgerade ein wenig gelichtet. Der Wunsch, die Sterbenden nicht allein zu lassen, nimmt ganz langsam zu. Die Trauer dagegen ist nach wie vor terra incognita, unbekanntes Land. Rose Ausländer nennt sie »einen Vogel mit verwundeten Flügeln«. Seine Schwingen tragen ihn nicht mehr. Auch wenn er ein Ziel wüsste, er könnte es nicht erreichen. Nach außen zeigen sich die meisten Trauernden wie immer. Sie entsprechen der Erwartung ihrer Umgebung, die weder fähig noch willens ist, die Trauer anderer mitzuvollziehen. Natürlich kann der Trauernde die ihm zugespielte Rolle der Normalität nicht wirklich übernehmen, weil sie nicht stimmt, aber er kann sich, schlecht und recht, rollengerecht verkleiden, um nicht stigmatisiert zu werden. So wird er in dieselbe Einsamkeit gedrängt wie viele Sterbende.

Ich habe es erlebt, wie der sicher bevorstehende Tod nicht zugegeben werden durfte. Die Patientin, der die Nähe des Endes selbstverständlich bewusst war und die wieder und wieder wegen der Wahrheit insistierte, wurde entmündigt, getäuscht und täuschte schließlich selber mit: sich, die Angehörigen, die Freunde, sogar die Ärzte. Sie schonte, die sie schonen wollten. Diese Maskerade im Angesicht des Todes war eine grauenhafte und sinnlose Anstrengung. Die Sterbende war mit sich allein. Aus diesem Teufelskreis konnte schließlich niemand mehr ausbrechen. Aufklärung, die zu spät kommt, wäre Sadismus.

Und der Trauernde muss diese Isolation der Sterbenden auf seine Weise fortsetzen, indem er anderen seine Not vorenthält und nach innen verlagert. In den tiefen Schichten, die wir kaum durchschauen und schon gar nicht steuern können, wächst eine untergründige Spannung heran zwischen Erschöpfung und Erregung, zwischen Betäubung und Verlangen, zwischen Resignation und Irritation. Dieser Zerrissenheit ist der Trauernde wehrlos ausgesetzt. Sie erschüttert sein Vertrauen ins Leben von Grund auf. Eine diffuse Verunsicherung und Ängstlichkeit bemächtigt sich seiner. Es ist, als sei der Tod, der ihn gestreift und verletzt hat, noch hinter ihm her. Er läuft davon und gaukelt sich eine Zukunft vor, die vergangen ist. Ohne dieses hilflose Gaukelspiel müsste die Einsicht übermächtig werden, dass die Zukunft jeglicher Attraktivität entbehrt und das Leben nur noch aus Gewesenem besteht. Vermutlich ist die Behauptung richtig, dass die Zeit Wunden heilt. Nur sollte man Trauernden solchen Trost nicht zumuten. Sie glauben ihm nicht. Außerdem ist die Heilung der Wunden kein kontinuierlicher Vorgang. Aus düsteren Kammern steigt Trauer immer neu auf. Der Schmerz entfaltet sich, wann er will, von alleine und unberechenbar. Seine Gesetzmäßigkeiten haben wir nicht im Griff. Er kann sich in dem Maße steigern, in dem die Liebe seine andere Seite ist. Amor meus, dolor meus. Sie sind wohl unzertrennlich, die Liebe und der Schmerz.

Zögerlich erzähle ich, dass ich in meiner traurigen Zeit an die Geschichten geriet, die Konrad Lorenz über die klugen und feinfühligen Graugänse aufgezeichnet hat. Ich bin kein Freund der Analogie- und Kurzschlüsse, mit denen eine Vergleichbarkeit von Mensch und Tier unterstellt wird. Aber wie sollte man nicht aufmerken, wenn berichtet wird, dass die Graugans, nachdem ihr der Partner weggenommen wurde, zunächst einmal mit Unglauben, mit Widerspruch reagiert. Sie duldet die Trennung nicht. Sie ruft dauernd, Tag und Nacht, irrt hastig und aufgeregt in dem gewohnten Revier umher, in dem sie sich mit dem Vermissten aufgehalten hat, erweitert jedoch wegen der Erfolglosigkeit ihre Suchaktionen von Stunde zu Stunde und schaut sich endlich verzweifelt auch da um, wo sie keinerlei Chance hat und wovon der Instinkt ihr bei besserer Verfassung abgeraten hätte. Mit der Abwesenheit des Gefährten bricht aber dann alle Kampfbereitschaft zusammen. Das allein gelassene Tier verzichtet nun auf die natürliche Selbstverteidigung bei Angriffen von Artgenossen und flieht vor den schwächsten und jüngsten Gänsen. Es wird schreckhaft, versteckt sich und fällt auf die niedrigste Stufe der Rangordnung in der Kolonie. All die angedeuteten Symptome, kommentiert Lorenz, »finden sich in weitgehend ähnlicher Weise beim sich grämenden Menschen«.

Gram ist ein Name, den früher die Dichtung gab und den heute die Psychologie gibt, für die schwer wiegenden Auswirkungen des Partnerverlustes. Ob er alles abdeckt, was er aussagen will, weiß ich nicht. Aber dies ist gewiss: Gram bezeichnet eine Stresssituation ohnegleichen. Umso verwunderlicher muss die Vernachlässigung dieses Phänomens erscheinen. Trauer überfällt uns unvorbereitet. Wir lassen sie an uns geschehen, passiv. Wir werden zu Patienten, zu Erleidenden, Erduldenden. Auch wer ihr nicht ausweicht, sondern sie als Notwendigkeit, sogar als »Arbeit« durchzustehen sucht, kann kaum ahnen, was in ihm vorgeht. Gram ist nicht allein eine Folge, sondern vielfach die Ursache des Todes. Der Romanliteratur ist die Tatsache, dass einer aus Gram sterben kann, vertraut. Ihr oder ihm ist »das Herz gebrochen«, sagt man. Gram bringt Krankheiten hervor, die gar nicht oder falsch behandelt werden. In seinem Gram kann der Mensch todkrank werden, vom Tod infiziert. Gram ist Mitsterben. »Überlebende« sind Menschen, die der Tod heimgesucht hat, ohne dass sie gestorben sind. Die Welt verlässt sie, ehe sie sie verlassen. Sie müssen »das Leben leise wieder lernen« (Nelly Sachs).

Früher musste man seine Trauer nicht verheimlichen. Die Mittrauer der Familie, auch der Gemeinde gewährte dem Trauernden Halt, Schonung und Entlastung. Der Tod war nicht ein auf privates Erleben beschränktes Unglück, sondern er wurde öffentlich zur Kenntnis genommen als ein menschliches Geschick, dem niemand entkommt und das alle miteinander solidarisiert. Mit diesem Bewusstsein wurde dem Trauernden ein Status eingeräumt, in dem er als Trauernder respektiert wurde. Mit ihm und durch ihn betrauerten alle die Fatalität unserer Sterblichkeit. Den Riten, mit denen man einst – statt den Tod zu ignorieren – der traurigen Wirklichkeit standzuhalten suchte, sind wir entwachsen. Sie gleichen Ruinen, die man vielleicht bewundern, aber nicht bewohnen kann. Bräuche wie Sterbegebete oder Totenklagen sind fremd geworden. Die Innenwelt des Trauernden und die Außenwelt der Unbeteiligten stehen beziehungslos nebeneinander. Mit dem Störfaktor Tod wird zwar zwangsläufig noch gerechnet; aber Umgangsformen mit Tragik, mit Unheil sind uns abhanden gekommen. Der Trauernde ist ohne Status. Er ist zur Unauffälligkeit verurteilt. Die Umwelt nötigt ihn, seine innige Verbundenheit mit dem Menschen, dessen Tod er beweint, entweder preiszugeben, sich dem Leben, das »weitergeht«, anzupassen oder seinen Schmerz für sich zu behalten, in sich einzukapseln. Er kann, er darf sich nicht mitteilen. Er steht, womöglich in einer durchaus wohl wollenden Umgebung, mit seiner Trauer mutterseelenallein da.

Die meisten Formen und Formeln, die noch wenigen Generationen vor uns ein Zuhause, eine Geborgenheit vermittelten, sind heute unzugänglich. Ich sehe für mich keinen Weg, zerronnene, abgestorbene oder veruntreute Riten wiederzubeleben. Aber was erzählt Manès Sperber? In seinem Erinnerungsbuch »Bis man mir die Scherben auf die Augen legt« schildert er, wie es zuging, als sein Großvater gestorben war: »Während der Woche, die auf die Todesnachricht folgte, verwandelte sich unsere Wohnung in ein Bethaus. Gemäß der Tradition verließ der Vater nicht das Haus; vom frühen Morgen bis in die späte Nacht saß er auf seinem Schemel, Freunde und Bekannte kamen auf Trost-Besuch. Jene, die den Verstorbenen gekannt hatten, sprachen lobend über ihn und versicherten, dass ihm im Jenseits

Gerechtigkeit widerfahren, somit nur Gutes geschehen werde. Der Trost wurde von den Anwesenden mit tiefen Seufzern und am Ende mit einem lauten Amen begleitet. Bei alledem kam es darauf an, dass der Vater morgens, nachmittags und abends das Totengebet sprechen konnte, ohne das Haus zu verlassen; dazu brauchte man jedoch ein Minjan, das heißt zumindest neun Männer, um mit ihm zusammen eine Betgemeinde zu bilden. Es war nicht schwer, das Minjan zusammenzubringen, da wir, die drei Söhne, zumeist anwesend waren. So kam es, dass ich mich nach Jahrzehnten zum ersten Mal wieder unter Betern befand, die stumm und mit fast unsichtbar bewegten Lippen leise oder aber recht laut Texte sprachen, die mit geringen Varianten für die drei täglichen Gottesdienste bestimmt sind. Manche beobachteten mich verhohlen, sie horchten enttäuscht, denn ich blieb stumm. Der eine oder andere hielt mir das offene Gebetbuch hin, stieß sanft meinen Ellenbogen an und sah mir auf den Mund. Ich kannte noch fast alle täglichen Gebete auswendig. Um nun zu beweisen, dass ich kein Abtrünniger, wenn auch ein ungläubiger Jude war, sagte oder sang ich einige Sätze. Es würde meinem Vater gut tun, dachte ich ...« Manès Sperber war einer der wenigen Freunde, die nach Renates Tod häufig anriefen und genau nach mir fragten. Viele Jahre später, einige Stunden vor dem eigenen Tod, sagte ihm Jenka, seine Frau, dass ich wieder geheiratet habe. Viel hat er nicht mehr sprechen können, aber dies: »Das ist gut.« Das war der Segen eines ungläubigen Juden für einen ungläubigen Christen.

Ein Minjan hatte es bei uns nicht gegeben. Aber die Kinder und die Freunde, manchmal zehn oder mehr, waren viele Tage um mich herum. Sie wollten beisammen sein und über die Tote sprechen – nicht um sie zu idealisieren, sondern um sie im Gespräch dabei sein zu lassen. Wir wollten dem Tod nicht das letzte Wort gönnen. Indem jeder von uns ein paar Handgriffe von Renate übernahm und dazuhin ein Stück von ihrem Wesen, sind wir ihrer völligen Abwesenheit entgegengetreten. Diese Versammlung der Freunde geschah ungerufen, ungeregelt. Und doch dürfte ihr ein uraltes Muster zu Grunde gelegen haben. Ich habe zu kultischen Instanzen und Institutionen, Vorschriften und Abläufen kein Zutrauen mehr, obwohl ich sie, wie Manès, noch auswendig kenne und auch hätte denken können, es würde meiner Toten vielleicht »gut tun« ... Der Glaube war mir einmal zu lieb, als dass ich ihm Unaufrichtigkeit zumuten könnte. Mit der Demut des Unglaubens befinde ich mich durchaus in biblischer Gesellschaft. Aber ich weiß auch, dass vieles im Leben von weither kommt und dass die Welt voller Gleichnisse ist. Sie ist nicht stumm. Sie erzählt uns immerzu etwas. Deswegen möchte ich aufmerksam und hellhörig bleiben für unverhoffte Spuren von Sinn in entleerten, erstarrten, veralteten und verwalteten Traditionen und freue mich, wenn es plötzlich gelingt, mich in ihnen auszudrücken.

Das Gebet zum Beispiel finde ich unaussprechlich, wenn ich mir den Adressaten vorstellen, das heißt mir »ein Bild von ihm machen« soll. »Wir wissen nicht, was wir beten sollen«, sagt Paulus all denen, die es genau zu wissen meinen, »sondern der Geist selbst vertritt uns aufs Beste mit Seufzern, die zu tief sind für Worte.« Anfänglich gab es für »Beten« gar keinen eigenen Namen. Da wird gerufen, gefleht, geweint, gezürnt, geklagt, gedankt, gejubelt. Das Gebet ist zunächst keine Leistung oder Geste des Menschen, die er entweder auf Geheiß oder willkürlich tun oder lassen könnte, sondern eine spontane Äußerung, die zu seinem Sein gehört. Gebet bedeutet: Der Mensch hat Sprache. Und Sprache ist Hoffnung, gehört zu werden. Wir antworten auf das, was uns widerfährt. Wo wir erschrecken oder aufatmen, wo wir schreien oder lachen, wo wir staunen oder singen, da sind die Grundfunktionen des Gebets erfüllt: nämlich das Loben und das Zagen, das Flehen und das Klagen.

Das Auf und Ab, die Höhen und die Tiefen, das Helle und das Dunkle, der Kampf zwischen Verzweiflung und Hoffnung, zwischen Müdigkeit und Mut – das sind Bewegungen, die in den schönsten Psalmen des Alten Testaments mit kräftigen, ebenso erschütternden wie befreienden Worten beschrieben werden. Ich danke es Erich Fromm, noch einem »ungläubigen Juden«, dass er mir in der Zeit, in der ich die miserable Einsamkeit kennen lernen und durchlaufen musste, empfohlen hat, einige Psalmen zu lesen, möglichst laut. Der Tod ist schweigsam. Er verschlägt uns die Sprache. Nur wenn wir gegen ihn anreden, nur wenn wir den Dialog mit den Toten in uns fortführen, bleibt etwas, das er uns nicht nehmen kann.

Pablo Neruda, Psalmist unserer Zeit, hat in seinen letzten Gedichten zwei kleine Zeilen geschrieben, die immer bei mir sind: »Es war so schön zu leben, da du lebtest.« Dieses »da du lebtest« kann bedeuten: »während du lebtest«. Es kann aber ebenso gut meinen: »weil du lebtest«. Nimmt man die beiden Buchstaben in diesem Sinne, so vermögen sie etwas Dankbarkeit in die Traurigkeit zu mischen.

Wir sind auf der Erde erwartet worden

1. Im Haus des Morgen

Kinder leben selbstverständlich von und mit Hoffnung. Sie holen ihren Atem aus der Zukunft. Sie haben nicht viel hinter, alles vor sich. Ihre Welt ist eine Werdewelt, an der sie dauernd bauen. Ihr Heute ist nicht Endstation, sondern Transit. Jeder Tag ist für sie ein Zugewinn an den Fertigkeiten des wachsenden Lebens. Die »Kleinen« sind mit all ihren Wünschen natürliche Gäste im Haus des Morgen.

Wir, die »Großen«, verharren bevorzugt im Bestehenden. Das Haus des Gestern ist eine wehrhafte Feste. Bataillone stehen zu ihrer Verteidigung zur Verfügung. Was war, wird zur Bleischleppe. Doch eigentlich ist Tradition das Gegenteil von Belastung: nämlich Anstiftung, Rückenwind auf dem Weg nach vorn. Herkunft baut Zukunft, Zukunft braucht Herkunft.

Erich Fromm beschreibt Hoffnung als Revolution. Leben ist, solange es währt, Prozess und Progress, niemals nur Geworden- oder gar Geworfensein. Es ist nicht zwangsläufige Fortschreibung oder Verlängerung, sondern immer währendes Geborenwerden. »Ich bin, der ich sein werde«, sagt der, der im Alten Testament »Liebhaber des Lebens« genannt wird. Leben ist wesentlich Noch-nicht-Erschienenes, Noch-nicht-Versuchtes. Es ist entwicklungsbedürftig wie auch entwicklungsfähig. Stillstand ist Täuschung, ist Unterdrückung. Wenn der Mensch nicht wächst, verfällt er, er degeneriert. Er sucht seine Identität gern im Rückblick; aber sie ist kein gesicherter Vorrat, kein Archiv, kein Tresor, sondern eine Perspektive, eine Zuversicht, eine Chance des Ungewordenen. Wird das Hoffnungspotenzial nicht gefördert, wird es gefährdet. Wer hofft, kommt zu sich, indem er über sich hinauswächst. Die statische Frage, was oder wer der Mensch sei, ist umzuwenden in die dynamische Frage, was oder wer er werden könnte. Wer oder was der Mensch sei, weiß ohnedies niemand. Man weiß allenfalls, was der Mensch aus dem Menschen gemacht hat.

»An jedem Punkte seines Lebens«, so Fromm, »ist der Mensch noch nicht das, was er werden kann und was er möglicherweise wird.« Nachdem der Schöpfer sein Werk vollendet hatte, sah er an alles, was er gemacht hat, und siehe, es war sehr gut. Nur beim Menschen verzichtete er auf diese Note. Fand er ihn nicht so gelungen? Die Chassidim wissen eine interessantere Erklärung: Der Mensch ist als offenes System gedacht, nicht bereits fertig, sondern auf Hoffnung angelegt, mit eigenem schöpferischen Talent ausgestattet. Deswegen enthielt sich der Schöpfer des Urteils, genauerhin: des Vor-Urteils. Diese Hoffnung ist die Freiheit des Menschen.

Hoffnung wird weitergegeben, sie wird von Generation zu Generation vererbt und vermehrt. Walter Benjamin: »Es besteht eine geheime Verabredung zwischen den gewesenen Geschlechtern und unserem. Wir sind auf der Erde erwartet worden. Uns ist wie jedem Geschlecht, das vor uns war, eine schwache messianische Kraft mitgegeben, an welche die Vergangenheit Anspruch hat.« Und unsere Kinder und Kindeskinder werden ebenfalls erwartet. Wir legen ihnen Hoffnungssamen in ihre Wiegen. Wer daran mitwirkt, erfährt Sinn in seinem Leben. Hoffnung ist ein bedeutender Beweggrund der Menschheitsgeschichte, über Jahrzehnte, Jahrhunderte, Jahrtausende hin. Sie ist uralt, um immer neu zu werden. Sie hat, sagt Michelangelo, ein Geschwister: die Erinnerung. Hoffnung kann auf Erfahrung gründen. Erfahrung ist jedoch wie ein morscher Baum, wenn sie nicht Hoffnung hervorbringt. Das Gewesene wird das Verwesende, wenn es nicht Kommendes einleitet.

Hoffend hält man sich bereit für das, was nicht schon vorhanden ist. Es ist abwegig, auf etwas zu hoffen, was es längst gibt oder was es nie geben kann. Je satter einer ist, umso weniger versteht er zu hoffen. Ist einer hungrig, sagt man, er sei nüchtern. Nüchternheit gehört zum Wesen der Hoffnung. Was man hofft, kann und will umgesetzt werden, muss es aber nicht. Man muss darauf gefasst sein, sich korrigieren zu müssen oder gar zu scheitern. Wer hofft, hat auch vor Fehlern weniger Angst. Angst vor Fehlern bremst fällige Entwicklungen. Wer Fehler partout vermeiden will, wer lieber korrekt als konkret ist, wer das Establishment dem Experiment vorzieht, salviert sich nur, tritt auf der Stelle und geht unumgänglichen Risiken aus dem Weg. Luthers Devise »Sündige tapfer!« ist ein Movens. Für ihn gibt es sogar ein Recht auf Fehler. Errare humanum est: es ist menschlich zu irren. Unfehlbarkeit ist unmenschlich, ist gnadenlos.

Hoffnung unterscheidet sich von Illusion. Hoffnung ist eine Sache der Fantasie, nicht der Fantasten. Sie nimmt liebend vorweg, was werden will. Ein Wunschtraum ist keine Hoffnung, auch dann nicht, wenn er sich erfüllt. Träume werden ohne mich wahr oder nicht. Das Hoffen aber braucht mich, um sich zu erfüllen. Erwarten ist etwas gänzlich anderes als Abwarten. Hoffnung überspringt nicht die Gegenwart, sondern sie belebt sie, sie weckt sie auf, sie stellt ihr Aufgaben. Sie ist vita activa.

Das Ende der Hoffnung wäre das Ende wahren Lebens. Hoffnungslosigkeit ist Kapitulation vor der Banalität des bloß Faktischen, ist Vereitelung von Zukunft. Wer dagegen das momentane Geschehen mit der Courage der Hoffnung ansteckt, realisiert eine jedem Geschehen innewohnende Qualität. Hoffnung vertieft unser Wissen von dem, was wirklich ist, durch das Wissen von dem, was möglich ist. Sie erweitert unseren Horizont weit über das hinaus, was wir vor Augen haben. »Erst in der Mutmaßung erweist sich«, meint Robert Musil, »unser Maß an Mut.«

Hoffnung kann man nicht fordern, nicht herstellen. Aber man kann sie erkennen; sie hat bestimmte Merkmale. Sie ist immer auch Opposition, Einspruch, Ungeduld, Gegenwehr. Sie entdeckt Alternativen zum Status quo. Sie empört sich, wenn die Herrschaft des Gewohnten den Fortgang lähmt. Empörung ist eine wichtige Energie. Wer hofft, findet sich nicht ab, sondern mischt sich ein. Wo Hoffnung ausbleibt, breitet sich ein Phlegma aus, das für unsere Zeit und Lage kennzeichnend zu sein scheint. In diesem Phlegma gedeihen sowohl Passivität wie auch Bereitschaft zur Gewalt. Wer nicht aufbegehrt gegen Gewalt, gewährt ihr Raum. Der Gewalt zuzusehen, heißt sie zuzulassen. Untätigkeit und Untat entsprechen und ergänzen einander. Sie haben dieselbe Wurzel. Sie infizieren sich wechselseitig. Gewalt wird nicht nur durch Beifall, sondern durch Mangel an Widerstand animiert.

Dieser unterschwellige Pakt führt dazu, dass man von einer neuen Popularität der Gewalt sprechen muss. Gewalt protzt mit Bizeps, sie gebärdet sich als Stärke, ist in Wahrheit aber eine Variante von Leere, Langeweile, Verzweiflung oder sogar Lebenshass. Die Unfähigkeit der Liebe zum Leben endet mit der Verachtung des Lebens. Aggressivität ist ein rücksichtsloser Selbstrettungsversuch der Depressivität. Gewalt ist willkürlich und unspezifisch. Sie tritt in vielerlei Gestalt auf, manchmal sogar hilfsbereit. Aber was alle Erscheinungsformen von Gewalt, von geduldeter oder angewendeter, letztlich verbindet, ist das Defizit an Hoffnung. Gewalt korrespondiert mit Hoffnungslosigkeit wie Gewaltlosigkeit mit Hoffnung.

3. Optimismus als Wille zur Zukunft

Hoffnung will Veränderung, Verbesserung. Das Wort Optimismus enthält diese Bedeutung. Wenn allerdings jemand den Optimismus dem Jenseits gutschreibt, bleibt ihm für das Diesseits nur der Pessimismus. Der Optimist ist einem hiesigen Optimum auf der Spur. Das Pessimum hat für ihn keine Anziehungskraft. Wie eine Pflanze sich der Sonne zukehrt, so hat der Optimist ein Sensorium für die aussichtsreichere der sich anbietenden Alternativen. Optimismus bedeutet, sich mit dem Besseren gemein zu machen. Der Begriff steht bei uns nicht hoch im Kurs. Pessimismus scheint klüger zu sein. Der Pessimist ist durch nichts zu enttäuschen. Optimismus ist freilich seinem Wesen nach nicht eine bestimmte Weltsicht, auch nicht einfach die angeborene Eigenschaft einer Frohnatur, sondern »eine Lebenskraft, eine Kraft der Hoffnung, wo andere resignieren, eine Kraft, den Kopf hoch zu halten, wenn alles fehlzuschlagen scheint, eine Kraft, die die Zukunft niemals dem Gegner lässt, sondern sie für sich in Anspruch nimmt«. Solche Gedanken über den Optimusmus hat sich Dietrich Bonhoeffer in einer Situation erlaubt, in der die entgegengesetzte Gefühls- und

Denkrichtung allzu nahe gelegen hätte. Seine Notiz vom Jahreswechsel 1942/43 fand man nach dem Krieg zwischen Dachziegeln versteckt, von der Gestapo unentdeckt. Wenige Tage nach der Niederschrift verlobte er sich mit Maria von Wedemeyer, drei Monate später wurde er wegen des Verdachts auf Hoch- und Landesverrat verhaftet, am 9. April 1945 ist er, nach einem Gebet, ruhig, ungebeugt, gefasst und mutig an den Galgen getreten.

Natürlich kannte Bonhoeffer den stupiden, den gewöhnlichen, den schönfärberischen Optimismus, der zu durchschauen und in Frage zu stellen ist. »Aber den Optimismus als Willen zur Zukunft soll niemand verächtlich machen, auch wenn er hundertmal irrt: Er ist die Gesundheit des Lebens, die der Kranke nicht anstecken soll. Es gibt Menschen, die es für unernst, Christen, die es für unfromm halten, auf eine bessere irdische Zukunft zu hoffen und zu ihrem Vorhandensein beizutragen. Sie glauben an das Chaos, die Unordnung, die Katastrophe als den Sinn gegenwärtigen Geschehens und entziehen sich in Resignation oder frommer Weltflucht der Verantwortung für das Weiterleben, für den neuen Aufbau, für die kommenden Geschlechter. Mag sein, dass der Jüngste Tag morgen anbricht, dann wollen wir gern die Arbeit für eine bessere Zukunft aus der Hand legen, vorher aber nicht.«

4. Bei allen Lebendigen ist Hoffnung

Es gibt Worte, Sätze, Texte von universaler Geltung. Sie sind allen Menschen in allen Zeiten zugedacht. Wir finden sie auch in den aphoristischen Aufzeichnungen Bonhoeffers (man kann sie vergleichen mit Pascals »Pensées sur la religion«). Aber wir kennen sehr alte Beispiele, so dies lapidare Diktum: »Denn bei allen Lebendigen ist, was man wünscht: Hoffnung.« Auch sein Autor war kein Leichtfuß. Er ist ein Ahnherr aller Skeptiker. Er kannte und beschrieb genauestens die »Mühsal« des Lebens, die Hinfälligkeit, die Nichtigkeit alles Seienden. Alles war ungewiss für ihn, sogar das Ungewisse. Immer war ein »vielleicht« mitzudenken. Kohelet, von Luther »Der Prediger Salomo« genannt, ist der Verfasser der famosen Sammlung weisheitlicher Sentenzen über den im Grunde trostlosen Kreislauf der Dinge. Seine Lektionen finden sich unter den poetischen Büchern des Alten Testaments. Da wird mit schonungsloser Nüchternheit festgestellt: Wo Glück ist, ist Verzagtheit nicht fern; wo Sinn erscheint, ist Zweifel angebracht; wo viel Weisheit ist, da ist viel »Grämens«; wer vom Leben spricht, erinnert an den Tod. Mit solcher Dialektik wird die Beschaffenheit unseres Daseins gekennzeichnet.

Wenn Kohelet die Geschicke und Widerfahrnisse des Lebens erforscht, so leitet ihn die unermüdlich gestellte Frage, was denn »gut«, was das rechte Maß sei für den Menschen, was seinem Wohl-Sein, seinem schalom zugute kommt und was ihm hilft, der zu werden, der er potenziell ist. Nicht kultivierte Resignation, aber Aushalten ohne Ausflüchte, Einwilligung in unsere Zeitverfallenheit, Zustimmung zur Fragilität des Lebens, kurzum: Mut zum Sein, wie es ist, lautet seine Empfehlung. Sinnsuche hält Kohelet für ebenso unerlässlich wie vergeblich. Sie stellt die Tapferkeit des Geistes auf die Probe. Es drängt ihn, Wahrheit zu finden, statt über sie zu befinden. Seine Versuche, das Leben zu verstehen und zu bestehen, zielen auf Antworten aus der vollen Diesseitigkeit unserer Existenz. Auf vielen, auf den meisten Tagen lastet Schwermut; aber er rät: »An einem guten Tag sei guter Dinge.« Dem hellen wird ein dunkler, dem dunklen ein heller Tag folgen. Beide, der Berg und das Tal, sind Landschaften unserer Seele. Darum nimm das Hier und Heute wahr, freue dich des jeweiligen Augenblicks: »Wohlan, iss mit Freuden dein Brot und trinke deinen Wein mit gutem Mut; denn schon längst hat Gott dies Tun gebilligt. Immer seien deine Kleider weiß, und an Öl auf deinem Haupte soll es nicht mangeln. Genieße das Leben mit dem Weibe, das du lieb hast, all die Tage deines flüchtigen Lebens, die dir unter der Sonne gegeben sind.« Oder: »Es ist etwas Eitles, das auf der Erde geschieht: dass es Gerechte gibt, denen es ergeht, als hätten sie wie Gottlose gehandelt, und dass es Gottlose gibt, denen es ergeht, als hätten sie als Gerechte gehandelt. Ich sagte, dass auch dies eitel ist. Da pries ich die Freude, weil es für den Menschen unter der Sonne nichts Besseres gibt, als dass er esse und trinke und sich freue.« Hier wird nicht Oberflächlichkeit, auch nicht platter Materialismus gepriesen, sondern Bescheidung, ich könnte auch sagen: Beschränkung auf das Menschenmögliche. Statt des Himmels oder der Zeitlosigkeit oder der Ewigkeit habhaft werden und Relatives absolut setzen zu wollen, verweist Kohelet auf die Vorläufigkeit unserer irdischen Laufbahn. Allein für sie, für diese uns zugebilligte Zeitspanne, genügen unsere Kompetenzen. Sie ist reichhaltig genug. Wir müssen sie mit all der uns möglichen Erkenntnis nur ausschöpfen. Mit Anleihen aus dem Jenseits übernehmen wir uns. Kohelet ist Kritiker eines jeden Ansatzes von Anmaßung.

Der Zwiespältigkeit und der Verwundbarkeit des Lebens ist durch keine Täuschung, durch keine Verbrämung, durch keine Vertröstung, durch keine Überhöhung zu entkommen. Kohelet plädiert nicht für eine Erneuerung oder Vertiefung der Religion, in der er aufgewachsen ist, sondern für gewagtes Leben. Er denkt und redet unreligiös, ohne Weihrauch, als mündiger Mensch. Seine Religion ist, keine zu haben. Sein aus Reflexionen und Sentenzen, aus Lehrdichtungen und Essays zusammengesetztes Buch könnte man als ein Kompendium für die »Gebildeten unter den Verächtern der Religion« verstehen. Es ist so fragmentarisch wie alles Leben. Seiner elementaren Diktion kann sich gerade der moderne Leser kaum entziehen. Kohelet unterbreitet kein Denk- oder Glaubenssystem, sondern er bietet – allerdings in gründlicher Kenntnis alter Lehrtradition – Auslegungen und Deutungen, Kommentare und Orientierungen an. Statt sich der Sprache Kanaans zu verschreiben, teilt er sich in der Sprache seiner Zeit, seiner Welt, seiner Erfahrung mit. Ihre Schönheit besteht in ihrer Evidenz. Er predigt nicht; er gibt zu bedenken. Er verzichtet bewusst auf die Berufung auf eine höhere Autorität. Er ist nur er, Kohelet. Er tritt nicht im Namen Jahwes auf, dessen Existenz, ja dessen Weltplanung und -lenkung er nicht leugnet, aber dessen »Werk der Mensch von Anfang bis Ende nicht fassen kann«.

Gott ist unergründlich: »Er ist im Himmel, und du bist auf der Erde – darum seien deiner Worte wenige.« Welch eine Mahnung an die Theologie!

Kohelet hätte wohl, wie Bonhoeffer, das Paradoxon formulieren können, dass Gott uns wissen lässt, »dass wir leben müssen als solche, die mit dem Leben ohne Gott fertig werden«. Denn den Gott, den »es gibt, gibt es nicht«. Ihn hat der Mensch nach seinem Bilde geschaffen: anthropomorph. Es ist klug, es ist weise, es ist vielleicht sogar fromm, das Leben ohne diesen Gott zu führen – mit Gott. Wir leben außerhalb des Gartens Eden, auf uns selbst gestellt, aber immer noch mit dem Ingenium in uns, aus dem die Schöpfung entstanden ist. Der Schöpfer hat uns etwas von sich abgegeben – so wohl auch »die Hoffnung, die in euch ist«.

Gerade in seiner Zerbrechlichkeit ist es das Leben, das Lebendige, das Kohelet fasziniert. Es ist das Unfertige am Leben, das uns nicht mit ihm fertig werden lässt. Denn da »ist, was man wünscht: Hoffnung«. Spes contra spem, zu Deutsch: Hoffnung wider die Hoffnung.